Anouk Jans
#TheFashionBlog
Mein Weg ins Modebusiness
In 12 Schritten zum Erfolg
ISBN 978-3-959100-20-5

Eden Books
Ein Verlag der Edel Germany GmbH
Copyright © 2015 Edel Germany GmbH, Neumühlen 17, 22763 Hamburg
www.edenbooks.de | www.facebook.com/EdenBooksBerlin | www.edel.com
1. Auflage 2015

Text: Anouk Jans
Projektkoordination: Nina Schumacher, Rosanna Motz
Lektorat: Tanja Bertele
Umschlaggestaltung, Layout und Satz: Sandra Albert | www.doppelraum.de
Umschlagfoto: Johanna Brinckman
Druck und Bindung: optimal media GmbH, Glienholzweg 7, 17207 Röbel/Müritz

Um die kulturelle Vielfalt zu erhalten, gibt es in Deutschland und in Österreich die gesetzliche
Buchpreisbindung. Für Sie, lieber Leser und liebe Leserin, bedeutet das, dass Ihr verlagsneues Buch
jeweils überall dasselbe kostet, egal, ob Sie Ihre Bücher gern im Internet, in einer großen Buchhandlung
oder dem kleinen Buchhändler um die Ecke kaufen.

ANOUK JANS

#The Fashion Blog

Mein Weg ins Modebusiness
In 12 Schritten zum Erfolg

Eden
BOOKS

Inhalt

7 Vorwort

10 Auftakt im Big Apple

22 BLOGGER RULE NUMBER 1:
Zweifel nicht – mach es!

28 Auf dem Sprung!

34 BLOGGER RULE NUMBER 2:
Träum Dich – und trau Dich!

48 Spiel mit Stil

50 BLOGGER RULE NUMBER 3:
Sei wandelbar, sei wunderbar – verwandle Dich!

74 Social Media: Instagram

76 BLOGGER RULE NUMBER 4:
Be social – werde ein Insta-Girl!

100 Presse und Print

112 BLOGGER RULE NUMBER 5:
Wenn andere an Dich glauben: Glaube ihnen!

120 Auf zur Fashion Week

135 BLOGGER RULE NUMBER 6:
Geh raus und schon sieht alles anders aus. Reise!

142 Paris, Paris, Paris!

151 BLOGGER RULE NUMBER 7:
Halte durch! Durststrecken sind unvermeidlich

166 Studieren oder probieren?

172 BLOGGER RULE NUMBER 8:
Sei realistisch! Greif auch nach nahen Sternen!

178 Der Traum vom Fliegen: Der neue Blog »4Pigeons«

184 BLOGGER RULE NUMBER 9:
Sei mehr als nur Du! Halte nach Mitstreitern Ausschau!

193 Pensum oder Party?

200 BLOGGER RULE NUMBER 10:
Sei kritisch – mit Dir selbst und anderen!
Und dann steh zu Deinem Standpunkt.

206 Ein Editorial planen

218 BLOGGER RULE NUMBER 11:
Du musst die Katastrophen kommen sehen,
bevor sie passieren!

228 Eine neue Familie

230 BLOGGER RULE NUMBER 12:
Zeig auch mal Schwächen –
das lässt die Stärken heller leuchten!

OB PETER PAN ODER
CARRIE BRADSHAW:
ALS BLOGGER
KANNST DU JEDER SEIN.
DER BESTE HELD VON ALLEN:
DU SELBST!

»Was gefällt dir am Bloggen eigentlich so gut?«

Meine Freundin Louisa mustert mich fragend, während ich auf meiner Unterlippe kaue. »Wir schenken unserem virtuellen Image mehr Aufmerksamkeit als unserem realen Ich. Auf Instagram posten wir uns unser Leben zurecht, wie wir es gern hätten, und bauen uns bei Facebook eine neue Persönlichkeit – als wäre unsere echte nicht gut genug.« Nachdenklich nimmt sie einen Schluck von ihrem inzwischen lauwarmen Kaffee. Wir sitzen in meiner Wohnung in Hamburg am Grindelhof und ich überlege. »Ich kreiere gern«, antworte ich schließlich. »Ich blogge über das, was ich liebe, über Dinge, die mir wichtig sind und die ich mit anderen teilen möchte. Mein Blog ist das Moodboard meines Lebens!« Louisa schmunzelt amüsiert über meine Leidenschaft und lacht dann laut auf, bevor sie beginnt, sich durch ihren eigenen Instagram-Stream zu arbeiten. »Alles Botox fürs Image«, murmelt sie. In Gedanken wandere ich zurück. Mein Blog hat mein Leben verändert, Tumblr hat meinen Stil geformt. Inzwischen erinnere ich mich kaum noch an die Zeit, in der ich noch nicht fremde Accounts besuchte, Posts und Blogeinträge studierte und selbst als Bloggerin unterwegs war.

Bloggen, das ist das Synonym für: »Put yourself out there!«
Bloggen, das ist tägliche Selbstreflexion.
Bloggen, das heißt, sich immer wieder neu zu (er-)finden.

GO

FIND

YOURSELF

!

AUFTAKT IM BIG APPLE

ALLES BEGANN VOR SIEBEN JAHREN, als ich an meinem dreizehnten Geburtstag zwei Flugtickets nach New York auf dem Tisch im Wohnzimmer fand. Meine Mutter hatte beschlossen, dass es Zeit für mich wäre, die Welt zu sehen, und hatte mir kurzerhand eine Reise nach Amerika geschenkt – wie diese Reise mein Leben verändern würde, ahnte ich damals noch nicht. Bis zu diesem Zeitpunkt hatte mein Universum aus Schule und meinem Zimmer in unserer Finca auf dem spanischen Land bestanden. Schafe, Pinienwälder, meine beiden Deerhounds und das Baumhaus zwischen den Kakteen waren mein Zuhause. Ich trug Schlaghosen und Clogs, wickelte Tücher um fast jedes meiner Körperteile und hatte mein Haar zu einem frechen Bob geschnitten. Meine Eltern hatten mir immer vorgelebt, kreativ zu sein und viele Dinge anders als andere zu machen. Bevor wir im Jahr 2009 nach Spanien gezogen waren, hatte mein Vater Cato in Hamburg lange als Galerist gearbeitet und meine Mutter Enja in einer Architekturbuchhandlung. Ganz selbstverständlich hatte ich in meinem Alltag mit Kunst zu tun gehabt und auch mit den Künstlern, die diese machten. In unserer Hamburger Wohnung hatten Kunstwerke von Jim Rakete, Susa Templin, Michael Najjar, Martin Liebscher und F. C. Gundlach an den Wänden gehangen. Auch in unserem Domizil in der ländlichen Idylle Spaniens gab es Kunstwerke. Eines davon zeigte eine Ansicht von Manhattan und trug die Aufschrift:

»Amerika gibt es nicht.« Die Google-Suche ergab: Amerika gibt es doch! Und dank der Flugtickets auf dem Wohnzimmertisch wusste ich: Ich würde es live erleben! Meine erste große Reise war wahnsinnig aufregend. Es ist schwer, die Gefühle von damals zu beschreiben: Angst, Neugier und Mut wechselten sich ab. Der Flug über den Atlantik dauerte dreizehn Stunden und die ganze Zeit über blieb ich wach und drückte meine Nase an das viel zu kleine Fenster, selbst als es über den Wolken dunkel wurde. Bestimmt sah ich als Erste im Flieger die Skyline von Manhattan. Es war, als hätte jemand mit einem Mal alle Lichter angeknipst – und das nur für mich.

Mit dem Taxi fuhren wir vorbei an Basketballplätzen, eleganten Upper East Side Girls und Dog Walkern. Prägnante Filmszenen spielten sich vor meinem inneren Auge ab: *New York, I Love You, Schlaflos in Seattle, Frühstück bei Tiffany, Manhattan* von Woody Allen und natürlich *Der Teufel trägt Prada*, der Film, den ich auf Deutsch wie auf Englisch mitsprechen konnte. Ich hatte das Gefühl, tatsächlich mitten im Setting dieser Filme zu sein. Vor einem der großen Hotels am Rand des Central Parks wurden wir aus dem Taxi gespuckt. Ich stand am Bordstein, flankiert von zwei großen Koffern und meine Nase roch Zukunft ... und Bagels.

Bei spanischer Mode muss ich an die Marke Desigual denken, an falsches Leder, Schuhe aus einem der unzähligen Billigschuhläden und an erschreckend wilde Muster – das ist der Streetstyle im spanischen Dorf. In Madrid und Barcelona aber muss man nicht allzu lange suchen, um eine Frau zu finden, die internationale Marken mit dem spanischen

Damals

Heute

Flair – aufgetragen wie ein Spritzer Parfüm und kaum sichtbar –, Stil und Modebewusstsein trägt. Internationaler Chic dominiert die Looks und nur manchmal schleicht sich eine spanische Farbmelange ein. Statt mich am Modegeschmack meiner mallorquinischen Mitschüler zu orientieren, experimentierte ich in Spanien lieber mit dem Kleiderschrank meiner Mutter.

New York veränderte meinen Stil und meine Sicht auf die Mode in nur vierzehn Tagen. Wir streunten durch die nummerierten Straßen und landeten in Showrooms und kleinen Boutiquen, die Independent Labels vertrieben. Dabei verliebten wir uns in fast jeder Galerie in Soho und Chelsea. Hier war die Vielfalt zu Hause: Ich sah Frauen in engen Kleidern aus Lack und Plastik, Overkneestiefeln und mit Modeschmuck, die sich offensichtlich an der schrillen japanischen Mode orientierten. Die Verkäuferin in dem kleinen Secondhandshop um die Ecke verkaufte mir mehr als nur eine Vintage-YSL-Jacke. Sie selbst trug zu ihrem Afro jeden Tag ein anderes Slogan-Shirt. »Don't kill my vibe« oder »You can't sit with us« war ihre Begrüßung an der Kasse. **Elektrisiert von diesen vielen Eindrücken stieß ich an einem Nachmittag im Central Park im Love Magazine auf Tavi Gevinson, die damals jüngste Modebloggerin der Welt.**

Mit meinem Schulenglisch wühlte ich mich durch die i-D, die Dazed & Confused und das Love Magazine – lange Texte über Taschen und die neueste Jeff-Koons-Figur. Plötzlich lachte mir ein junges Gesicht mit Zahnspange entgegen. Ich war beeindruckt. Ich war dreizehn, sie erst zwölf. Ein Wunderkind mit exzentrischem Äußeren und humorvollen Blogposts. Das Love Magazine schrieb darüber, wie Tavi die aktuelle Mode als unoriginell kritisierte und sich über das Mitläufersyndrom bei Teenagern beklagte. Mit ihren erst zwölf Jahren schien sie die einheitliche Masse bereits zu durchschauen und selbst ständig auf der Suche nach frischem Wind zu sein. Im Fokus des Artikels standen Tavis eigene Outfits: Foto für Foto wurden die Leser in ihre Welt eingeführt. Tavi wickelte, schnürte, improvisierte. Sie entwarf sogar selbst Kleider, schnitt und nähte sie aus Stoffbahnen und Gardinen zusammen. Sie war bezaubernd originell. An diesem kritischen, wissenden Blick hinter der großen Brille und ihrem verrückten, andersartigen, intellektuellen Look kam man einfach nicht vorbei. Sie erreichte ihre Leser nicht über einen teuer bezahlten Stil oder die Illusion der Perfektion einer Designerpuppe, sondern mit ihrer eigenen, unverwechselbaren Stimme. Ich stellte mir vor, wie es wäre, das zu schaffen, was sie geschafft hatte. **Von diesem Moment an wollte auch ich Bloggerin werden**. In den letzten sieben Tagen in New York City trug ich den Artikel über Tavi die ganze Zeit in meiner großen Umhängetasche mit mir herum. So, davon war ich überzeugt, würden New York, Tavis Erfolg und ihre Kreativität auf mich abfärben und mich bis nach Hause begleiten.

Zurück in Spanien zog ich mich noch am Abend unserer Rückkehr in mein Zimmer zurück, **setzte mich vor den alten Apple-Computer meines Vaters, loggte mich bei Blogspot ein und klickte bei »Blog erstellen?« auf »OK«.**

Jeder spinnt auf
seine Weise –
der eine laut,
der andere leise.

(Ringelnatz)

On the brink!

Alles begann
mit einem paar
verrückten Bildern
die eine ganze
eigene Geschichte
erzählten ...

Ich stand
am Bordstein,
flankiert von
zwei großen Koffern
und meine Nase
roch Zukunft ...
und Bagels.

Die Google-Suche ergab:
Amerika gibt es doch!

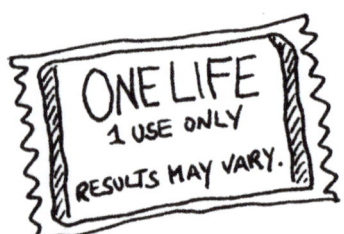

NEW
YORK
CITY

Blogger Rule Number 1

ZWEIFEL NICHT - MACH ES!

Wie ging es weiter? Ein Blog ist ein virtueller Fingerabdruck, den man im Netz hinterlässt: unauflöslich mit der eigenen Person, dem eigenen Charakter verbunden. Das war mir am Anfang noch nicht klar. Eine erste eigene Seite zu erstellen, ist nicht schwer – sie zu formen und zum Leben zu erwecken, dafür umso mehr. Sobald man beginnt, sich mit dem Layout – der Farbe, dem Header, dem Logo, der Schrift und dem Format der Bilder – zu beschäftigen, kommt ein Prozess in Gang, den man mit der Entwicklung einer Liebesgeschichte vergleichen kann: vom ersten Date über das Kennenlernen bis hin zur verbindlichen Beziehung – und dem ersten Streit. Ein Blog ist ein Partner, der nicht immer leicht zu handhaben ist, einem dafür aber viel über sich selbst verrät. Ein Blog ist eine intime Angelegenheit! Er macht angreifbar. Man erzählt aus seinem Leben, gibt einiges über sich selbst Preis und es kann passieren, dass man den Lesern damit das Gefühl vermittelt, dass man sich selbst ganz schön wichtig nimmt. Doch als Blogger möchte man auch, dass die Leser mitreden, schließlich sind sie es, die über Erfolg oder Misserfolg entscheiden. So bekam ich, nachdem ich völlig impulsiv und anfangs noch voller Euphorie den Blog erstellt hatte, schnell Angst: Angst vor null Lesern auf meiner Seite, Angst, wie meine Bilder auf andere wirken würden, Angst vor negativen Kommentaren. Doch wie immer war die Neugier stärker als die Angst.

Wie und wo anfangen?

Stylisten, Make-up-Artists und Fotografen haben meist eine klassische Website, die vor allem dazu da ist, einen Einblick in ihr Portfolio zu geben. Ein Blogger möchte jedoch mehr als das. Er sucht den Austausch mit seinen Lesern. Deswegen ist es wichtig, eine Seite zu erstellen, die das ermöglicht. Für Einsteiger gibt es dafür zwei Möglichkeiten:

1. Einen kostenlosen Blog auf einem Blogportal erstellen: Wenn man sich erst mal spielerisch mit dem Bloggen auseinandersetzen will, reicht es vollkommen, sich einen kostenlosen Blog einzurichten. Blogportale, die diesen Service anbieten, gibt es wie Sand am Meer. Blogger, die schon lange dabei sind, haben meist wie ich bei Blogspot angefangen. Die beliebtesten kostenfreien Blogportale sind die folgenden:

www.blogger.com
www.wordpress.com
www.jimdo.com

2. Eine eigene Seite programmieren: Die Vorteile hierbei: ein eigener Domainname, unendlich viele Möglichkeiten in der Gestaltung und natürlich: der professionelle Eindruck! Jedoch kostet eine eigene Website auch Geld ... Als ich mich zum ersten Mal nach einem Programmierer umsah, bekam ich die unterschiedlichsten Angebote. Einige Freunde boten mir ihre Arbeit für zweitausend Euro an, während bekannte Programmierer schon mal zwölftausend Euro aufriefen. Einem Newcomer, der sich mit einem kostenlosen Blog auf einem Blogportal nicht begnügen möchte, würde ich empfehlen, sich zuerst nach einem Kommunikationsdesign-Studenten zu erkundigen, der Lust auf und Zeit für ein solches Projekt hat. Alternativ kann man sich auch nach einem preiswerten Kreativen umschauen.

Jahre nach meinem Debüt auf Blogspot ließ ich mir von einem Freund meine erste individuelle Seite programmieren. Das war die Geburtsstunde von meinem aktuellen Projekt »4Pigeons« (www.4pigeons.de), einem Mode- und Lifestyle-Blog, den ich gemeinsam mit drei Freunden aus der Branche initiiert habe.

Mein Startblog »Anouk on the brink« wird jedoch, so sehr ich das neue Projekt auch liebe, für immer mein Baby bleiben.

Mit Sue Giers von Linette beim Shooting.

MOVE ON

Die Freiheit der Phantasie

ist keine Flucht in das Unwirkliche,

sie ist Kühnheit und Erfindung.

(Ionesco)

AUF DEM SPRUNG!

———

Die erste Schwierigkeit, der ich mich bei meinem ersten Blog stellen musste, war: der Name. Unzählig viele Ideen schrieb ich dazu in mein Notizbuch, bis meine Mutter Enja eines Nachmittags, als ich gerade wieder einmal stundenlang unterwegs gewesen und furchtbar aufgedreht war, zu mir sagte: »Du bist aber auch wirklich immer auf dem Sprung.« »Auf dem Sprung« – das heißt auf Englisch »on the brink«, was zurück ins Deutsche übersetzt auch so viel wie »am Rande« oder sogar »am Rande des Abgrunds« bedeuten kann. Passend, diese Doppeldeutigkeit, fand ich – denn genau das sollte mein Blog sein: ein Medium auf dem Sprung zu neuen Trends und Life Events und auch eine aufregende Gratwanderung. Ein spannendes Wechselspiel zwischen dem Spaziergang auf festem Grund und dem Paragliding über die Canyons der Kunst- und Fashion-Welt. Also schrieb ich »Anouk on the brink« in das leere Feld für den Blogtitel – und es hörte sich auf Anhieb gut an.

Weißer Hintergrund, ein mittelgroßes Fotoformat und Texte von maximal zehn Zeilen, das war mein Blog. Unter meinem offiziellen »Hallo« platzierte ich ein Foto von mir, auf dem zu sehen war, wie ich irgendwo in der spanischen Pampa von einem sehr alten, verrosteten VW-Bus sprang. Ich hatte das Bild eher intuitiv ausgesucht. Erst später bemerkte ich, wie perfekt es zu dem, was ich mit meinem Blog vorhatte, passte: Der alte VW-Bus strahlte den Geist der

Hippiezeit aus, die karge, menschenleere Landschaft darum herum hätte auch die Weite Amerikas sein können, die Bemalungen auf dem Bus standen für Kunst, Street-Art und Kreativität. Und ich befand mich im Moment der Aufnahme schon in der Luft, genau da, wo ich sein wollte **»on the brink« – auf dem Sprung!**

EIN BLOG
VERLÄUFT WIE EINE LIEBESGESCHICHTE: ERSTES DATE, FESTE BEZIEHUNG, ERSTER STREIT. EINE BEZIEHUNG, AN DER MAN IMMER ARBEITEN MUSS.

Entdecken.
Ausprobieren.
Träumen.
Neu anfangen.

Und aufhören zu zweifeln.

DIE WELT WIRD TRAUM,
DER TRAUM WIRD WELT.

(Novalis)

Blogger Rule Number 2

TRÄUM DICH – UND TRAU DICH!

Der erste Eintrag an einem kalten Tag im Januar war eine simple Begrüßung. **»Hi guys, my name is Anouk, I'm 13 and this is my blog.
I'm an art lover and fashion addict. Have fun!«** Ich schrieb auf Englisch. Sollte es sonst nichts bringen, wäre der Blog wenigstens eine gute
Sprachübung. Die erste Veröffentlichung fühlte sich wie etwas Verbo-
tenes an. Als würde ich heimlich an einer Zigarette ziehen oder in einer
dunklen Ecke einen Schluck Alkohol probieren. Keiner wusste davon.
Ich sprach mit niemandem über mein Ich im Internet. Vielleicht hatte
ich auch das Gefühl, gar nicht genau zu wissen, was ich da überhaupt
tat – und was für Folgen es haben könnte. Heute, ein paar Jahre später,
kenne ich die Regeln.

Und weil jeder mal von vorn beginnt, hier ein paar Tipps für den Anfang: »——➤

Stiebich & Rieth
im Interview
für 4 Pigeons.

Anouk's Blogging Dos

FÜR ANFÄNGER

»──→ **Wie lang darf der Text eines Blogposts sein?**
Nie mehr als zwanzig Zeilen!

Wir leben in einer digitalisierten Welt. Wir konsumieren schneller, wollen so viel wie möglich auf einmal und das in kürzester Zeit. Unsere Aufmerksamkeitsspanne ist geschrumpft, während unser Drang nach Multitasking gewachsen ist. Wir essen, gucken dabei eine Serie (Girls, Sex and the City oder Game of Thrones), schreiben auf WhatsApp mit Freunden, lackieren uns die Nägel und blättern nebenbei die Grazia durch. Wir sind es nicht mehr gewohnt, in Ruhe einen längeren Text, geschweige denn ein Buch zu lesen. Unser Leben hat sich beschleunigt und wir Blogger waren unter den ersten, die sich diesen Wandel zunutze gemacht haben. Posts sind etwas für den schnellen Konsum. Bilder und kurze Texte überfordern nicht, lassen sich schnell mal in einer kurzen Kaffeepause oder unterwegs genießen und transportieren den Zeitgeist. Die Herausforderung dabei? Mit wenigen Worten viel (Gutes!) zu sagen. Know-how zu vermitteln und Nähe aufzubauen, kann in kurzen Texten schwieriger sein als erwartet.

》→ Wie viele Fotos dürfen in einen Post?
Maximal zehn!

Wie mit unseren Texten sollten wir auch mit unseren Fotostrecken die Leser nicht überfordern. Klickstrecken (also eine reine Abfolge von Bildern) sind im Netz beliebt und auch Blogger generieren über ihre Bildergalerie Traffic. Doch die richtige Dosierung bleibt das A und O!

》→ Englisch oder Deutsch?
Denglisch!

Wer heute kein Englisch spricht, ist in der Modewelt klar im Nachteil. Englisch ist die Sprache der Mode, so wie Paris lange ihre Hauptstadt war. Für deutsche Blogger gilt es deshalb, einen guten Mittelweg zwischen englischen Headlines (also knackigen Überschriften) und deutschen Content-Texten zu finden. Professionelle Blogger beauftragen Übersetzer, um ihre Texte in beiden Sprachen online stellen zu können – so wird man dem deutschen Publikum gerecht und hält sich trotzdem alle internationalen Türen offen. Gute Blogs müssen großflächig funktionieren und so viele Online-User ansprechen wie möglich. Englische Texte sind essenziell, um auch im Ausland Anschluss zu finden und für internationale Kunden interessant zu sein.

»——➤ Minimalistisch oder verspieltes Layout?
Weniger ist immer mehr!

Auch ein »einfaches« und überschaubares Layout ist wichtig, um viele Follower anzusprechen und niemanden zu »verschrecken«. Natürlich steht im Mittelpunkt eines Blogs der persönliche Geschmack des Bloggers, doch sollte dieser sich in den Fotos und Texten widerspiegeln und nicht im Design, also der Aufmachung des Blogs. Die Kategorien eines Blogs (meistens Outfits, Travel, Interviews, Cooperations, Press) sollten klar definiert und einfach zu finden sein. Kein User möchte lange nach dem gewünschten Content suchen müssen. Will ein Follower sich vom Style eines Bloggers inspirieren lassen, dann möchte er alle Looks auf einen Blick. Ist ihm mehr nach Reisen, sollte er sich nicht unverhofft in einem Interview über ganz andere Themen wiederfinden. Schnörkel im Layout sind für einen Blog nicht zuträglich. Die Devise? Simple and good!

»——➤ Wie privat darf es werden?
Professionelle Distanz zu wahren, ist wichtig. Poste nur,
wenn Du auf jede Art von Feedback vorbereitet bist!

Als Blogger sollte man sich darauf einstellen, dass nicht jedem gefällt, was er auf dem Blog sieht. Die Besonderheit und Stärke von Blogs war schon immer der Austausch mit einem großen Publikum. Und auch wenn manche Blogger ihre Kommentar-Funktion mittlerweile abgestellt haben, um sich mehr auf ihre Hauptaussagen konzentrieren zu können, wird im Netz heiß diskutiert. Sei es auf Facebook, in der Instagram-

Kommentarspalte oder in Foren. Das Wort »Shitstorm« kennen wir alle und es gibt – soweit ich weiß – nur einen Blog, der sich vor diesem Wort nicht fürchtet, sondern es sich zunutze gemacht hat. »Dandy Diary«! Die beiden Dandys haben keine Angst vor negativem Feedback. »Shitstorm« – das bedeutet, im Mittelpunkt aggressiver Diskussionen zu stehen, in denen die eigene Aussage oder ein Beitrag zu einem bestimmten (oft heiklen) Thema von allen Seiten beleuchtet wird. Negative Kommentare und starker Druck von außen sind die Folge. Ein Shitstorm kann unterschiedliche Ausmaße annehmen, doch einfach handzuhaben ist er nie. Wenn man also etwas veröffentlicht, und sei es nur ein Look, sollte man gegen die Kommentare jener gewappnet sein, die einen anderen Stil und eine andere Meinung vertreten und das auch öffentlich bekunden. Zieh Dich warm an, denn manchmal kann das Leben im Internet ganz schön kalt werden! **PS: Stürme und gelegentliche Regenfälle sind allerdings kein Grund, gar nicht erst aus dem Haus – oder in unserem Fall: hinaus in die Bloggerwelt – zu gehen.**

It-Girl oder Stilikone?
Du willst (k)ein It-Girl werden!

Ich war gerade acht oder neun, als ich anfing, jedes zweite Gesicht in der Zeitung als »berühmt« zu bezeichnen, woraufhin mir mein Vater die Unterschiede zwischen »bekannt«, »sehr bekannt« und »berühmt« erklärte. »Bekannt«, sagte er, »ist jemand, den viele Menschen aus den Medien kennen. Sehr bekannt ist, wen sehr viele kennen, auch wenn sie nur mal von ihm oder ihr gehört haben. Da kommt es allein auf die Häufigkeit an, mit der jemand im Fernsehen, in Zeitungen oder im Internet genannt wird. Aber berühmt wird nur, wer etwas Besonderes, ja, Außergewöhnliches geleistet hat und dadurch sehr bekannt geworden ist.« So weit mein Vater, der es mit der Bedeutung von Worten sehr genau nimmt. Für die einen ist derjenige berühmt, dem in der BILD ein Absatz gewidmet wird, für andere ist berühmt, wer das Cover der Vogue schmückt. Aber eines ist klar: Die Gesellschaft interessiert sich für Stars und orientiert sich modisch besonders an einem ausgesuchten Kreis weiblicher Celebrities: den It-Girls. Doch wer sind diese It-Girls überhaupt? Was macht sie aus, was kennzeichnet sie? Sie haben das »gewisse Etwas« (daher das Wort »It«) und jeder kennt sie. Aber warum? Twiggy, Jane Birkin und auch Marylin Monroe waren It-Girls. Kate Moss ist auch eins. Doch genau wie bei einem Kleidungsstück zeigt sich erst nach Jahren, ob ein It-Girl zum Klassiker wird oder seine Bekanntheit nur einer kurzer Trend war. Der Begriff »It-Girl« ist für mich ein Synonym für Anziehungskraft. Und das geht Hand in Hand mit Aufmerksamkeit. Es geht bei einem It-Girl weniger um das Was als um das Wie. Reichweite, nicht Inhalte zählen. Ihr Talent? Begehrlichkeit zu schaffen, sich selbst zur Marke zu machen und Aufmerksamkeit zu bekommen.

Wie Bloggerinnen genau wie die It-Girls Begehrlichkeit erzeugen können? Wie die Einkäuferin in einem Modeunternehmen darf man dabei nicht zu sehr von sich selbst und seinem persönlichen Geschmack auf andere schließen. »Der Köder muss dem Fisch schmecken, nicht dem Angler.« Beim Bloggen schreibe ich für meine Leser und nur begrenzt für mich selbst. Ich weiß inzwischen, wie anstrengend es sein kann, diese Fähigkeit jeden Tag aufs Neue zu kultivieren. It-Girls haben es deshalb bestimmt nicht so leicht, wie wir denken. Neues zu kreieren – oder auch nur so zu tun –, ist eine echte Aufgabe – und leider muss man oft feststellen: Man kann es oder man kann es nicht. Originalität und Wandlungsfähigkeit gehören zu den Dingen, die man nur bedingt lernen kann. Ohne ein grundlegendes Talent dafür kann die Fähigkeit nicht wachsen.

Man muss also von sich absehen und das Gewand anlegen, das die anderen sehen wollen. Wie fühlt man sich aber darin, wenn man es gar nicht mehr ablegen darf, wenn es dabei nicht um eine Tätigkeit, sondern um die eigene Identität geht? Genau deswegen macht mir das Phänomen der It-Girls manchmal auch Angst. It-Girls müssen auf dem schmalen Grat zwischen Schockieren und Inspirieren wandeln, und wer auf seinen

FÜR MICH
BESITZT EINE
STILIKONE
ZEITLOSE
SCHÖNHEIT –
INNEN WIE
AUSSEN.

Manolos mal zu weit danebentritt, schafft es nur selten wieder zurück auf den Weg in Richtung Modeolymp. Skandale müssen die It-Girls umgeben wie ein Parfüm, wollen sie immer wieder in der Presse landen, die von der breiten Masse gelesen wird. Und weil ihre Stürze für die Leser so viel spannender sind als ihr Aufstieg, helfen die meisten It-Girls auch gern mal mit einem Schubs nach!

Auch das Anhimmeln durch breite Massen von Unbekannten lässt mir eine Gänsehaut über die Arme und einen Schauder über den Rücken laufen. Tröstlich ist, dass ein It-Girl zu sein, kein Beruf für das ganze Leben ist. Nur eine Handvoll von ihnen wird tatsächlich als It-Girl alt, und eine breite Community zu inspirieren und anzusprechen, geht auch ohne das eigene Bild auf dem Cover der Vogue.

Was mich zunehmend beruhigt, ist die Erkenntnis, dass unterm Strich nur die richtig guten Dinge bleiben. Wir streuen Trends, Inspirationen und Ideen, finden alles Neue irgendwie genial und ziemlich »amazing« – aber die Zeit prüft alles und lässt zum Glück auch viele Modesünden in ihrem Schatten verschwinden. Und manchmal kann man mit dem Button »löschen« sogar ein bisschen nachhelfen …

Was unterscheidet das It-Girl eigentlich von einer Stilikone? Wie mit dem Wort »berühmt« verbindet auch jeder mit dem Wort »Stilikone« etwas und jemand anderes. Glaubt man der CFDA-Kommission, so ist Rihanna die einzig wahre Stilikone. Für mich sind und bleiben es vorerst die Herausgeberin der Vogue Emmanuelle Alt und Jane Birkin. Für mich besitzt eine Stilikone zeitlose Schönheit – innen wie außen. Sie ist kultiviert, strahlt Unabhängigkeit aus und hat Intellekt – und nicht nur einen überquellenden Kleiderschrank. Wenn ich mich entscheiden könnte, ich wäre lieber für die nächste Generation eine zeitlose Stilikone als heute ein kurzlebiges berühmtes It-Girl. Und doch ist es mein Traum, einmal bei einer Oscar-Verleihung dabei zu sein (wenn ich diese Veranstaltung auf YouTube verfolge, bekomme ich Gänsehaut am ganzen Körper!).

DON'T FORGET:
ZIEH' DICH WARM AN, DENN MANCHMAL KANN DAS LEBEN IM INTERNET GANZ SCHÖN KALT WERDEN!

ALL WE
HAVE TO DO
IS TRY.

SPIEL MIT STIL

Warum bloggen? Ich habe mich nie gefragt, warum ich blogge. Es scheint mir eine Selbstverständlichkeit zu sein, dass jeder Mensch Gedanken hat, die interessant genug sind, um sie mit anderen zu teilen. Darüber hinaus wollte ich – nach fünf Schulwechseln, einem Start als Außenseiterin in fast jeder Klasse und immer nur einem sehr kleinen Freundeskreis – den Leuten im Gedächtnis bleiben. Eher unbewusst hegte ich diesen Wunsch nach Anerkennung. Aber davon allein ließ ich mich nicht leiten. Ich wollte mich entfalten, wollte sehen, wer ich war und werden könnte, und natürlich war da auch der Spaß am spielerischen Inszenieren und kreativen Gestalten. Das sah man schon in meinen allerersten Posts: Mal füllte ein Bild von mir in einem äußerst fragwürdigen Winter-Outfit mit Fellboots und einer Russenmütze die Pinnwand, mal sah man mich – in Anspielung an Grimms Märchen – mit langen roten Strümpfen, Cape und Spielzeuggewehr im Wald auf irgendetwas schießen. Mal gab es Beiträge über selbst gemachte Kleider, mal stand das Thema Selbstinszenierung à la Cindy Sherman (eine Foto- und Verkleidungskünstlerin) im Mittelpunkt. »Skurril mit Stil« war die Devise. Nichts war mir zu außergewöhnlich, nichts zu schräg oder neuartig.

Mein bester Freund dabei: der Selbstauslöser. Drei Sekunden reichten mir, um mich in Pose zu werfen. Und wenn ich doch einmal Hilfe für ein Foto mit mir als Model brauchte, waren Freundinnen oder meine Eltern zur Stelle. Oft hatte ich das Bild, das ich machen wollte, schon vorher ganz genau im Kopf. Dann dirigierte ich meinen Fotografen oder meine Fotografin so lange, bis sie es auch sahen. Mein Vater versuchte gern, sich um meine Anweisungen herumzumogeln und seinem eigenen Auge zu vertrauen. Wenn ich dann mit seinem Bild nicht zufrieden war, blieb ich hartnäckig, bis er sich herabließ, meine Vorgaben (Abstand, Hintergrund, Bildausschnitt, Blickrichtung und anderes) zu berücksichtigen. Und schließlich staunte er, dass das Resultat überzeugend war.

Anders als Tavi schrieb ich am Anfang meiner Bloggerlaufbahn noch nicht viel über die heiß diskutierten Trends und Runway Shows. Mode zu inszenieren, passte besser zu mir, als Mode zu kritisieren. Tavis eigene Garderobe war ein wild zusammengewürfelter Haufen, doch während sie sich in der Schule ganz selbstbewusst dem Gelächter ihrer Mitschüler stellte, musste ich tagsüber in meine Schuluniform schlüpfen. Der Ort, an dem ich meine Liebe zur Mode ganz ausleben durfte, war mein Blog. Hier musste ich nichts, sondern durfte alles. Der Kleiderschrank meiner Mutter war mein Fundus. Als Vierzehnjährige dachte ich noch nicht so viel daran, wie schlank oder sexy ich wirkte, oder ob das Kleid, das ich trug, hier und da eine Falte warf oder nicht. **Ich brauchte keinen Steamer und kein Chanel-Make-up. Zara war so gut wie Prada und die Digicam konnte locker eine Leica ersetzen.** Meine Stärken waren die Lust am Experimentieren und meine Fähigkeit, mit einem guten Schuss Naivität Regeln zu brechen, bevor ich sie überhaupt kannte!

Blogger Rule Number 3

SEI WANDELBAR, SEI WUNDERBAR – VERWANDLE DICH!

Heute fällt mir das nicht mehr so leicht. Kontur und Profil zu gewinnen und zu wahren, bedeutet auch Abgrenzung; und Abgrenzung schließt ein gewisses Risiko ein: Geht man zu weit, findet man sich plötzlich allein wieder. Zugleich hat man immer mehr Schubladen im Kopf, fängt an, alles zu vergleichen, zu betiteln, und hört schnell auf, eigene Wege zu gehen. Ich möchte perfekt und professionell sein. Ein Fotograf sagte einmal zu mir: »Anouk, du musst wohl immer ›upgraden‹ und kannst dir nie einen Schritt zurück gönnen!« Dieser Drang zum Perfektionismus, zum makellosen Image, wurde auch nicht besser mit der Zeit, im Gegenteil! Wie befreiend ist es dann, wenn man das Kind in sich wieder spielen lässt. Was wiederum mit der Suche nach einem Spielplatz beginnt. Bloggen war spielen als 14-Jährige und spielen war leicht. Mit meinen inszenierten Fotos verrückter Looks, die sich an Figuren und Images der aktuellen Kunstszene orientierten (auch was die Komposition betraf), und meinem persönlichen Stil traf ich, ohne es zu wissen, den Nerv der Zeit. Dabei frage ich mich bis heute immer wieder: Was ist Stil? Und vor allem: Was ist meiner? Bei meinem ersten Paris-Aufenthalt versuchte ich, mit dem Motto »Der wilde Mix ist okay, es sind ja schließlich alles Designer-Sachen« vor den Augen der anderen Fashion-Show-Besucher und den allgegenwärtigen Streetstyle-Fotografen zu bestehen. Givenchy + Marni + Chloé = gut? Weit gefehlt! Jedes Stück für sich war ein Hingucker, doch in der Kombination ergaben sie ein dschungelhaft verwildertes Erscheinungsbild. Der Stil? Nur auf die Logos bezogen und nicht gelebt! Immerhin hatte der Mantel elegante Dreiviertelärmel, très parisienne – oder etwa nicht? In New York dachte ich für kurze Zeit, ich könnte es mit einer Dauerwelle zum Afro schaffen oder wenigstens zu Rastalocken. Mit Printshirt und Neonfarben wollte ich den Spirit der XXL-Werbetafeln am Times Square einfangen, machte stattdessen aber einen umhertrudelnden Paradiesvogel aus mir, der neugierig beäugt, aber sicher nicht schön gefunden wurde. **Fazit? Ein Tipp, den Du bestimmt noch öfter lesen wirst: Weniger ist mehr!**

Ein Key Piece reicht, um zu zeigen, wer man sein möchte.

Eine Balenciaga-Tasche zum Beispiel sagt: »Ich will nichts ausprobieren. Ich liebe Trends und habe Geld.« Leider sagt sie seit einigen Jahren auch: »Stil ist käuflich.« Wer hingegen die limitierte Edition der SC Bag von Sofia Coppola trägt, sagt: »Ich habe Stil und das mit elegantem Understatement in höchster Qualität.« Eine Givenchy-Tasche spricht von Coolness und eine Prada-Tasche von zeitlos klassischer Ästhetik. Die

Montag bis Freitag ...

... aus der Vogel
Perspektive.

richtige Tasche ist ähnlich schwer zu finden wie das richtige Parfüm. Beide sagen viel über das eigene Selbstbild aus. Der »Tragestil« ist ein weiteres Instrument der Analyse! Eine Zeit lang trug ich meine Tasche in der Armbeuge – bis ich mich fragte: »Who do you want to fool?«

Mein momentaner Gusto führt mich bei Schmuck und Taschen (kaum etwas ist wichtiger für die eigene Garderobe) zu Pieces, die auf den ersten Blick nicht meinem Alter entsprechen. Ringe von Bottega Veneta, die sonst nur an Händen zu finden sind, denen man bereits ansieht, dass sie nicht mehr jung sind. Taschen von Gucci aus schlichtem Kalbsleder und Schuhe mit einem Absatz, wie ihn die Ü-60-Frauen lieben. Ich liebe es, zu sehen, wie die Käufe mit mir erwachsen werden und mir schon jetzt ein Gefühl davon vermitteln, wie sich mein reiferes Ich fühlen wird. Auch die Überraschung in den Augen anderer zu sehen, gefällt mir. **Der richtige Style spricht eine Sprache, die keiner anderen Worte bedarf: Das bin ich, das möchte ich sein und das werde ich einmal.** Ach, übrigens: Wenn ich ein Luxusaccessoire kaufe, möchte ich die Geschichte dahinter kennen! Ich finde, eine besondere Tasche am Arm zu tragen, zu der ich über ihre Herkunft auch einen Bezug herstellen kann, ist ein besonderer Genuss. Accessoires sind die Mosaiksteinchen unseres Styles. Ihre Story ist wie Kitt und sie zu kennen, verbindet uns noch mehr mit ihnen. Oft ist sie mit der Historie eines Labels verwoben wie unser eigener Charakter mit unserem familiären Hintergrund. Schade, dass viele Menschen sich nicht dafür interessieren, woher das Leder ihrer Schuhe oder der Fellkragen ihrer Jacke stammt. Oder welche Idee die Macher antrieb, welche Vision sie hatten, als sie das Kleidungsstück

schufen. Ich möchte diese Idee, den Grundgedanken, der einen Firmen-
gründer oder eine Designerin motivierte, kennen. Das ist ein wunderbarer Mehrwert für alle Dinge! In dem Film *Meerjungfrauen küssen besser*
heißt es: »Mädchen müssen ihre Farben und ihr Produkt kennen!« In der
Modewelt heißt das so viel wie: Kenne Deine fünf Lieblingsdesigner
und sei Dir sicher, welche Farben und Schnitte Dir stehen! Dein ganz
persönliches Einmaleins – kenn es und halt Dich daran. Ich persönlich
bin wie paralysiert, wenn es um Céline, Balenciaga und Isabel Marant

IN DER MODEWELT HEISST
DAS SO VIEL WIE: KENNE
DEINE FÜNF LIEBLINGS-
DESIGNER UND SEI DIR
SICHER, WELCHE FARBEN
UND SCHNITTE DIR STEHEN!
**DEIN GANZ PERSÖNLICHES
EINMALEINS –** KENN ES
UND HALT DICH DARAN.

Es gibt überall
Blumen für den,
  der sie sehen will.

(Matisse)

Qualität ist das
Produkt der Liebe
  zum Detail.

(Tencer)

geht. Auch Thakoon und Alexander Wang lassen meine Knie zittern. Bei Céline sind ganz klar die Kampagnen, fotografiert von Juergen Teller, dafür verantwortlich. Model Daria Werbowy prägt die Marke seit Jahren und Designerin Phoebe Philo ist ohne Wenn und Aber ein Stil-Vorbild – eine von diesen tollen Frauen, die mit feinem Haar, einem Rollkragenpullover, ohne Make-up und dem »I-don't-care-what-you-think«-Blick in den Augen überzeugen. Sie brauchen weder Farbe noch Trendteile, die sich durch Logos oder Prints gleich als solche zu erkennen geben. Die britische Modedesignerin Phoebe Philo, die ihre Karriere bei Chloé als Modedesignassistentin von Stella McCartney begann, ist auch einer dieser Frauen. Sie setzt den »Weniger-ist-mehr«-Look so großartig in Szene, dass man sofort jedes auffällige Teil aus dem Kleiderschrank verbannen möchte, weil man es plötzlich als aufdringlich empfindet. Minimalismus ist der neue Zeitgeist. Phoebe hat ihn erfasst, gewürdigt und der Masse zugänglich gemacht. Wenn es um Céline geht, habe ich auch kein Problem mit Konformität. Christian Dior prägte die Nachkriegszeit mit seinem New Look, Giorgio Armani die Achtziger mit seinen breitschultrigen Power-Kostümen und Madame Philo den Stil der Frau von 2006 bis heute. Inzwischen steht für mich fest: Understatement ist trendy. Ja, ich stehe auf Normcore.

Aber jetzt zu Dir: Bist Du der Girlie-Typ, schlank, mädchenhaft, vielleicht siehst Du jünger aus, als Du bist, hast ein hohes Lachen und niemand vermutet Arges bei Dir? Oder Du bist die ephemere Fee, zart oder sogar fragil, mit hellem Teint und hellen Augen und dieser Ausstrahlung ganz besonderer Empfindsamkeit? Oder halten andere Dich oft für einen Kumpel-Typ, eine Frau, mit der man Pferde stehlen und die man sich mühelos vorstellen kann, wie sie mit der Malerrolle in der Hand auf einer Leiter steht und allein ihre Wohnung renoviert? Dann gibt es da noch die Grande Dame, eine vornehme Erscheinung: etwas distanziert, mit Vorliebe für edle Accessoires und sehr erwachsen. Oder doch die Sportliche? Deine Klamotten müssen bequem sein, Du trägst am liebsten Jeans und Sneakers, weil sie Dir das Gefühl geben, immer gleich loslaufen zu können, wenn mal ein Sprint oder Sprung angesagt sein sollte? Dann haben wir da noch die Businesswoman: Jackett, Blazer oder Hosenanzug sind Dein Erkennungszeichen. In Deiner Freizeit trägst Du gern Männerhemden oder ein Kostüm. Stehst Du auf Retrolook, Nostalgie oder Folklore und hast ein Faible für frühere Epochen und ihre Mode? Ach, Du siehst schon, wir könnten noch lange so weitermachen. Eine große Rolle spielt natürlich auch Dein Alter: Willst Du jünger erscheinen, älter oder ganz Deinem Alter entsprechend? Und Dein Umfeld – Stadt oder Land, Norden oder Süden, Schule oder schon im Job? Aber wie auch immer:

Definiere Dein Erscheinungsbild, Deine Wirkung und Deine Vorlieben!

Und dann entscheide Dich, ob Du Dir zutraust, einmal etwas ganz anderes auszuprobieren, oder ob Du schon ganz genau weißt, wer Du sein willst. Damit hast Du das Grundmuster gefunden, Deinen ganz persönlichen Hintergrund, Deine Bühne für tausend kleine – und auch mal größere – Variationen. Jetzt musst Du nur noch die Frage beantworten, ob Dir das freche Spiel mit Brüchen, Überraschungen und möglichen No-Gos liegt, ob Du lieber Ton in Ton (hier sind nicht die Farben gemeint) oder mit Kontrasten auftreten möchtest, die vielleicht erst einmal ein Stirnrunzeln hervorrufen. Erziele eine Stimmigkeit Deines Stils, indem Du alles ganz bewusst zusammenstellst und einsetzt! **Ich bin überzeugt: Wer sich zeigt, wie er oder sie ist (und da es jeden von uns nur einmal gibt, sind wir alle einzigartig!), gewinnt die Herzen schneller als jede Kopie einer Kopie.** Das sieht man an Größen der Modeszene, von Urgesteinen wie der britischen Modekritikerin Suzy Menkes über junge Wunderkinder à la Tavi Gevinson bis hin zu Gestaltwandlerinnen wie der Bloggerin Susie Bubble. Styling, Fotos und Text – das sind die Hauptzutaten für Deinen Blog. Es geht darum, Deine eigenen Vorlieben und Deinen eigenen Stil zu finden und zu kultivieren; die Styles und Stories richtig in Szene zu setzen und so gut wie möglich abzulichten; zu zeigen, was Dir wichtig ist, und dazu die passenden Kommentare, Hinweise und Geschichten zu liefern – so gewinnt Dein Blog seine eigene Gestalt.

Ganz zu Anfang, ich hatte gerade erst zehn Beiträge online gestellt, erreichte mich die erste Nachricht einer Leserin: Susiloves12 aus Sydney hatte einen meiner Outfit- Beiträge kommentiert:

»Crazy, I love your look!«

Ich hatte keine Ahnung, wer Susiloves12 war, wie oder wo sie lebte, was sie dazu gebracht hatte, meinen Text zu lesen, und doch befand ich mich nun mit ihr in einem Dialog. Ich war verblüfft. Mir wurde zum ersten Mal klar, dass es wirklich Leute gab, die meinen Blog lasen, und sicher waren es noch mehr als nur Susiloves12. Auch wurde mir bewusst, dass ich diesen Lesern etwas geben wollte, etwas, das sie bereichern würde: meine Ideen, Fotos und auch meine Texte. Texte, hinter denen ich mich nicht zu verstecken brauchte, sondern in denen ich mich ebenso kreativ und offen zeigen würde wie auf den Fotos. Texte, bei denen ich mir Mühe geben und über die ich mir vorher Gedanken machen würde.

Das ist gar nicht so selbstverständlich, wie es klingt. Gerade am Anfang nicht. Im Allgemeinen wird auf Blogs oft unter Zeitdruck geschrieben. Das enorme Tempo, das das Internet vorgibt, verhindert häufig, dass man sich ausreichend Zeit für einen Eintrag nimmt. Blogger hacken in die Tasten, bis die Finger bluten, und beim Surfen auf den verschiedenen Social-Media-Plattformen geht es zu wie bei einem Marathon: Es wird immer nur gelaufen. Besonders reflektiert waren auch meine Blogposts am Anfang nicht. Aber ich hatte diese ungehemmte Lust, mich auf neues Terrain zu wagen, und tat das mit spielerischer Freude und ohne Angst. Das zeigte sich auch in meinen Texten. Mit »Anouk on the brink« sprang ich einfach mutig in die Modewelt hinein. Die Leser und Blogbesucher, die sich für mich interessierten, waren Leute, die ihre Zeit eher abseits des Mainstreams verbrachten. So setzte sich meine »Fangemeinde« vor allem aus Menschen, die sich für Fotografie interessierten, und Modefans, die Alice gern ins Wunderland folgen wollten, zusammen. **»Anouk on the brink‹ hat etwas Unkontrolliertes, Unzensiertes, ist befreiend anders«,** schrieb mir eine Leserin.

Mein Schreibtisch.

Meine Inspiration.

Meine Gedanken auf Papier.

Mode Blogging? HOW?

**»——→ Lass Dir Zeit für die Texte,
jedoch maximal fünfzig Minuten pro Post!**

Auch wenn wir Blogger ständig unter Strom stehen und jeder, der zu lange überlegt, auf der Strecke bleibt, sollte ein Blogbeitrag gut durchdacht sein. Plattformen wie Instagram, Tumblr und Pinterest sind dafür da, einfach drauflos zu posten, ohne Konzept oder Hintergrundgedanken. Dir gefällt ein Foto? Raus damit in die Insta-Welt! Ein Blog-Post hingegen sollte gut gestaltet und getextet sein. Zu Beginn der Blogger-Evolution waren Blogs Tagebücher. Fehler waren erlaubt, solange der Inhalt authentisch blieb. Heute ist das anders. Blogger haben sich zu freien Redakteuren entwickelt. Viele Augen sind auf sie gerichtet und sie müssen unter den kritischen Blicken bestehen. Bevor man also etwas veröffentlicht, sollten Thema, Intention und Gestaltung des Beitrags gut durchdacht sein. Posten um des Postens willen? Ein No-Go! Sich für einen Post Mühe zu geben, erfordert Zeit, wird dafür aber meistens auch mit positivem Feedback von den Lesern belohnt und lockt vielleicht irgendwann Kooperationspartner und Kunden an.

»——→ Entwickle eine eigene Bildsprache!

Blogger gibt es wie Sand am Meer. Sie unterscheiden sich aber durch Qualität. Fotos sind das größte – ich wiederhole: größte! – Potenzial eines Bloggers. Ein Foto kann alles verändern. Warum? Weil wir visuell kommunizieren, entdecken und hypen. Ein Foto kann mehr sagen als tausend Worte. Der wahre Erfolg von Modebloggern gründet sich auf ihren Stil, den sie in ihren Fotostrecken vermitteln. Die Kritik, als Modeblogger müsste man einfach nur gut aussehen, ist zu kurz gegriffen, aber auch nicht ganz unbegründet. Viel wichtiger ist jedoch ein guter Fotograf! Durch die richtige Linse fotografiert und wenn nötig mit Photoshop nachbearbeitet, kann jeder gut aussehen und sich und seinen Stil gut verkaufen. **Die berühmtesten Blogger der Welt haben alle eines gemeinsam: Sie arbeiteten von Beginn an mit ein und demselben Fotografen zusammen.** Ihr werdet lachen, aber dieser Fotograf ist bei vielen Bloggergirls ihr Freund oder Lebenspartner. Ich nenne ein solches Pärchen immer »Duo Infernale« – unschlagbares Duo –, weil diese Kombination den Weg zum Erfolg nicht nur einfacher macht, sondern bestimmt. Natürlich ist ein Anfang mit Freunden als Shooting-Partner auch möglich und macht sogar sehr viel Spaß, aber an irgendeinem Punkt sollte man »upgraden«, also sich weiterentwickeln und verbessern, und in einen professionellen Fotografen investieren.

»→ Wer willst Du sein? Arbeite an Deinem Image!

Bevor Du mit dem Bloggen beginnst, solltest Du erst einmal überlegen: Was sind meine Stärken? Was macht meinen Stil aus? Wie möchte ich wahrgenommen werden? Ein Beispiel: Bloggerin Chiara Ferragni ist besonders vielfältig, ihr Look verändert sich täglich und ist doch immer auffällig bunt. Sie liebt Glitzer, auffällige Prints und außergewöhnliche Sneakers. Sie steht für einen Stil, der girly, labelbewusst und trendorientiert ist. Jeden neuen Trend greift sie sofort auf und zeigt durch unterschiedliche Kombinationen, wie »wir« ihn am besten tragen können. Die schwedische Bloggerin Elin Kling dagegen wurde durch ihren minimalistischen Stil bekannt. Jeans, ein eleganter Rollkragenpullover aus hochwertigem Kaschmir, eine Tasche mit zarter Prägung eines High-Fashion-Labels und feminine Pumps. Dazu ein unerwarteter Bruch durch ein Piece eines Jungdesigners oder ihres eigenen Labels. Elin steht für »weniger ist mehr«. Vier Farben – Schwarz, Grau, Weiß und Blau – sind ihr Erfolgsrezept.

»→ Poste zu Beginn so regelmäßig wie möglich!

In der Blogger-Welt geht es in erster Linie um eins: Traffic erzeugen! Zu Beginn sollte regelmäßiges Updaten im Fokus stehen, um dieses Ziel zu erreichen und viele Besucher anzuziehen. Es gilt, den Lesern auf allen Kanälen – Instagram, Twitter, Tumblr und Facebook – bestenfalls täglich etwas Neues zu bieten. Nur, wenn Follower wissen, dass sie etwas Neues erwartet, kehren sie auch gern auf eine Seite zurück.

**≫⟶ Finde nicht immer alles toll,
sondern entwickle eine eigene Meinung!**

Blogger sollten keine Mitläufer sein. Es ist nichts Schlimmes dabei, sich ab und an von anderen inspirieren zu lassen und diese Inspiration in die eigene Arbeit, den eigenen Look mit einfließen zu lassen. Doch selbstbestimmtes Arbeiten ist einer der Gründe, warum es Stars unter uns Bloggern gibt. Nicht jede Kooperationsanfrage muss angenommen werden, nicht jeder Showroom Stürme der Begeisterung auslösen. Selektieren, das ist es, was die neuen Redakteure so frei und so wichtig macht. Eine Community möchte sich an jemandem orientieren können und ein Vorbild sein kann nur, wer auf seinen eigenen Instinkt hört und sich selbst treu bleibt. Die Kritik, dass Blogger sich für Labels und deren Geschenke verkaufen, trifft leider immer häufiger zu. Doch auch bei diesem heiklen Thema in unserer Szene ist eine klare Differenzierung gefragt. Nicht jeder, der Geschenke eines Labels annimmt, verkauft sich. Es gibt viele Blogger, die nur promoten, was zu ihnen passt, und Glück hatten, Kooperationspartner zu finden, die ihren Geschmack teilen. In diesem Fall handelt es sich bei einer Kooperation um eine harmonische Zusammenkunft und keinen Verkauf von Reichweite und Einfluss für ein Kleid mehr im Schrank. Was ein Blogger mag und was nicht, sollte er für sich entscheiden, und welche Unternehmen und Marken er mit seinem Publikum teilt, auch. Und aus Erfahrung weiß ich, dass die Leser im Netz es sehr schnell verlauten lassen, wenn sie glauben, ein Blogger habe sich selbst verloren und sei dabei, durch Gier seine Authentizität zu zerstören. Manchmal – nicht immer! –

sind unsere Leser eben doch sehr aufmerksame Kritiker, die den Blogger zurück auf den Boden der Tatsachen holen.

» → Kooperationen sind wichtig!

Die eben genannten Kooperationen braucht ein Blogger für seine Weiterentwicklung. Nicht jedes Shooting und jede Reise können aus eigener Tasche finanziert werden und auch für die Wunschgarderobe reicht oft das Budget nicht aus. Kooperationen zwischen Bloggern und Labels sind ein Austausch. Es ist ein Geben und Nehmen. Blogger geben ihre Reichweite, Kompetenz und ihren Einfluss, Labels ihre Produkte, ihren Namen oder auch ihr Geld. Es ist ein gegenseitiges Unterstützen und Hinarbeiten auf ein gemeinsames Ziel: Aufmerksamkeit im Netz. Wenn diese Kooperationen die Leser inspirieren, hat man alles richtig gemacht. Auch hier gilt: Willkürlich sollte so eine Verbindung nicht zustande kommen. Die Entwicklung eines Konzepts und die Liebe zum Detail zahlen sich aus.

» → Finde gute Teammitglieder!

Ich habe lange gebraucht, um meine Gegenstücke zu finden. Personen, die meine Talente ergänzen und sie mit den ihrigen unterstützen. Erst mit meinem Blogazine »4Pigeons« ging ich Hand in Hand mit anderen Kreativen – aber dazu später mehr! Seit Blogger von der Außenwelt als freie Redakteure gesehen werden, hat sich einiges verändert. Blogs wurden etwas für Teamplayer. Nicht mehr nur eine Person stand hinter einem Blog, sondern ein ganzes Team. Jeder fing an, eine andere Aufgabe zu übernehmen. Was blieb? Es musste weiterhin ein gefeiertes Gesicht nach außen geben, eine Leitperson. Doch die Leute hinter den Kulissen bekamen step by step mehr Relevanz. Heute arbeiten bis zu zwanzig Leute an einem einzigen Blog. Die New Yorkerin Leandra Medine von »Man Repeller« hat mit ihrem Team ein eigenes Büro, so auch Chiara Ferragni und die deutschen Blogs »Les Mads« und »Journelles«. Die Blogs haben sich zu kleinen Redaktionen entwickelt, an denen die verschiedensten Personen mitwirken. Diese Teams mit den richtigen Talenten zu füllen, ist das Ziel, das es zu erreichen gilt. Die Harmonie und die Vision der einzelnen Teammitglieder müssen übereinstimmen, dann ist alles möglich.

⇥→ Verlinke auf inspirierende Brands und Beiträge: Blogger sind eine Familie!

Okay, das Wort »Kooperation« war bis jetzt schon sehr präsent, richtig? Beim Bloggen dreht sich nun mal alles um Austausch und auch um Unterstützung. Und das nicht nur zwischen jungen Nachwuchstalenten, sondern auch zwischen anderen Bloggern, die sich ja eigentlich als Konkurrenten sehen sollten. Doch das ist schon lange nicht mehr so! Nicht nur auf jährlichen Bloggerkonferenzen kommen Blogger aus der ganzen Welt zusammen, sondern auch in der virtuellen Welt besuchen sie sich gegenseitig. Man schreibt übereinander, verteilt Likes auf Instagram, kommentiert, unterstützt und wertschätzt die Arbeit des anderen, der zwar ein Konkurrent ist, aber eben auch zur großen Blogger-Family gehört. Natürlich kommt immer wieder Neid auf, doch realistisch betrachtet sind wir alle ein großer, etwas verrückter Haufen, der zusammen besser funktioniert als allein.

》—➤ Nutze alle Social-Media-Kanäle!

Multitasking ist ein weiterer wichtiger Punkt beim Bloggen. Wer einige Monate am Stück mehrere Kanäle zugleich mit Content füllt, wird schnell merken, wie viel Zeit und Konzentration dafür nötig sind. Und auch, wie anstrengend es manchmal werden kann, sich immer wieder nach variierenden Zielgruppen zu richten. Instagram hat ein anderes Publikum als Facebook und Facebook ein anderes als der eigene Blog. Der Content mag derselbe sein, doch die Art, wie man diesen kommuniziert, ändert sich je nach Kanal. Es bleibt entscheidend für den schnellen Aufstieg in der Szene, jede Plattform regelmäßig, am besten jeden Tag, zu aktualisieren. Die ausschlaggebende Message: »Hier passiert etwas!« Sie lockt neue Leser an – und in ihnen das Gefühl zu wecken, dass immer etwas Spannendes passiert, ist wichtig. Durch häufige Updates treffen Blogger die Aussage: »Stay tuned! Nur wer jeden Tag meine Kanäle checkt, ist informiert!«

》—➤ Erarbeite Blog-Content, der unabhängig von den aktuellen Geschehnissen in der Modewelt ist, Wochen im Voraus!

Timing ist die Essenz eines Blogs. Vorbereitung ist nötig. Der größte Anteil der Blogger hat parallel zum Bloggen einen festen Vollzeitjob, eine Ausbildung oder geht, so wie ich damals, noch zur Schule. Um im Alltag gut jonglieren zu können, ist es hilfreich, schon vorab Geschichten zu erarbeiten und Inhalte zu erstellen, die nur noch einen Klick von der Onlinestellung entfernt sind. Die Wahrheit: Blogger sein – das heißt 24/7 an sein Projekt im Netz zu denken. Der Preis: die Wochenenden. An freien Tagen wartet Blog-Arbeit und nur wenige haben das Glück, das Bloggen ihren einzigen Job nennen zu können!

⫸→ Blicke über Dich selbst hinaus und schau in die Zukunft!

Nicht nur beim Bloggen ist ein großes Ziel vor Augen entscheidend für die tägliche Motivation. Als ich damals bemerkte, in welche Richtung mein Weg als Blogger ging, suchte ich mir dieses Ziel. Bis heute habe ich es klar vor Augen!

⫸→ Lass Deine Leser an Deinem Alltag teilhaben und bleib persönlich!

Warum ist Bloggen zu so einem Phänomen geworden? Ganz klar: Bloggen heißt, eine gewisse Nähe zulassen zu können. Die Faszination Blog war für mich immer bestimmt durch zwei Wörter: »Get backstage!« Blogger haben das Gefühl, hautnah dabei zu sein, kultiviert und angetrieben. Das heißt, wer bloggen möchte, sollte sein Leben gern teilen. Nicht jeder muss es auf die Spitze treiben und alles preisgeben, doch man sollte eine Nähe zu den eigenen Followern aufbauen können und wollen. Wenn Du Dir vorstellst, dass auf der andere Seite Deines Tisches gute Freundinnen und Freunde sitzen, kannst Du sie auch direkt ansprechen: »Hey folks!« oder »Heute habe ich etwas ganz besonderes für Euch!« Das macht den Post gleich viel persönlicher. Meistens wirst Du aber sachlich über Styles und Pieces schreiben. Doch vergiss nicht, Deinen Lesern auch Deine Gefühle, nicht nur Deine Meinung mitzuteilen! Selbst Stimmungen und Launen dürfen auf Deinem Blog mal ausgedrückt werden – solange die Emotionen nicht im Vordergrund stehen.

Ein Tipp:
Versetz Dich einmal in Deine Follower hinein oder stell am besten gleich Fragen an die Community!

EVENTUALLY WE
WILL ALL BE
OLD FACES ON
PHOTOGRAPHS

ONE

PICTURE

A

DAY

...

SOCIAL MEDIA: INSTAGRAM

Einen aufkommenden Hype früh zu erkennen, zu teilen und zu verfolgen, ist die Aufgabe eines guten Bloggers. Im besten Fall kreierst Du selbst einen Trend, indem Du etwas Besonderes und Ungewöhnliches machst und es schaffst, viele Follower daran teilhaben zu lassen. Doch wie geht das? Wie wird ein Blog bekannt?

Es gibt zahlreiche Social-Media-Kanäle, über die Du Dich vernetzen und Deinen Blog bekannt machen kannst: Twitter, Facebook, YouTube und nicht zuletzt andere Blogs, die Du kommentieren kannst. Wer schon berufstätig ist, kann auch noch auf Business-Portalen wie XING oder LinkedIn mitmachen. Jede dieser Plattformen hat ihre eigenen Regeln und Gesetze, die Du kennen und berücksichtigen solltest! Facebook zum Beispiel ist obligatorisch, daran führt kein Weg vorbei. Du kannst Deinen Blog mit Deiner Facebook-Seite verlinken und dort dann auf neue Blogeinträge hinweisen. Oder Du konzipierst eine eigene Strategie für Deinen Facebook-Auftritt: Zum Beispiel kannst Du dort Inhalte posten, die nicht so gut auf Deinen Blog passen, aber doch zu Deinem Themenspektrum gehören und Deine Leser ansprechen.

In den Jahren seit dem Aufkommen der Blogs wurde es nicht unbedingt einfacher, sich von der Masse abzuheben, seinen Lesern immer wieder Neues und Überraschendes zu bieten und zu den Perlen im Bloggermeer zu gehören. Doch dann gab es mit einem Mal einen Weg, abseits von durchdachten Blog-Posts Aufmerksamkeit zu wecken. **Eine große Flutwelle kam und riss alle Social-Media-User mit sich: die Urgewalt Instagram.**

Nicht an dem, was man besitzt,

in dem, was man ist, äußert sich die Persönlichkeit.

(Oscar Wilde)

Blogger Rule Number 4

BE SOCIAL - WERDE EIN INSTA-GIRL!

Bald erstellte auch ich einen Instagram-Account und versuchte mitzu-schwimmen in der Flut von Bildern, die jeden, der in die Instagram-Welt eintaucht, zu überschwemmen droht. Natürlich war Unverwechselbar-keit auch hier nicht einfach zu erreichen, doch anders als bei Blogs war sie auch nicht zwingend notwendig. Wichtiger war es, einem Kreis von Insta-Girls anzugehören, die mit ihrem Stil, ihren Reisen und ihren Trend-Pieces den Followern fortwährend neue Einblicke in eine schein-bar unerreichbare Welt boten. Geschichten wollten auch hier erzählt werden, aber sie durften anderen ähneln. Denn den Instagram-Usern schien es vor allem daran gelegen zu sein, nicht aus dem Rausch von Glamour, Travel und exotischem Lifestyle zu erwachen. Sie wollten eintauchen in das Leben anderer und mit auf ihrer Welle des Luxus schwimmen.

Der Weg zum Insta-Girl war einfacher als der zum Blogger-Girl – und so viel spontaner. Ein Bild zu machen, zu bearbeiten und hoch-zuladen, dauert nie länger als eine Minute. Die Geschichte dazu kann mit einem Hashtag erzählt werden. Blogs wurden mit der Zeit nur die Verlängerung des eigenen Instagram-Streams. Der Instagram-

Account steht jetzt im Mittelpunkt. Follower bekommen das Gefühl, nun jede Facette ihres Idols sehen und live miterleben zu können. Dass auch dieser Social-Media-Kanal nur ein weiterer Weg ist, ein Image zu erschaffen, zu »faken«, wird gern übersehen. Aber was heißt heute schon »Fake«? Ist »Fake« nicht nur ein weniger schöner Begriff für das wunderbare Wort »Illusion«? Und sind Illusionen nicht die Träume, die uns Träumer am Leben halten? Und sind Träume nicht auch eine Form der Wahrheit? Und beschreibt »Fake« somit nicht nur eine Facette der Wahrheit, die doch für jeden eine andere sein kann? »It's fake«, schreien die, die es nicht schaffen, von sich selbst ein Bild, ein Image, eine Illusion zu erschaffen, in der sie sich wohl und, ja, auch wahrhaftig fühlen. Sie sind von ihren eigenen Träumen enttäuscht. Vielleicht würden sie auch »Let's create and illusionate« rufen, wenn sie verstehen würden, dass jeder seine eigene Realität erschafft und man niemanden daran hindern sollte, dem eigenen Bild von sich Ausdruck zu verleihen.

Instagrams schöne Seite?
Träumen und viele verschiedene Lebensentwürfe
betrachten zu können.

Instagrams unschöne Seite?
Selbstmitleid, Neid und die Gefahr, die eigene Realität bei all den
schönen Träumen aus dem Blick zu verlieren.

Sich selbst etwas zu wünschen, sich nach etwas zu sehnen, ist gut, solange man sich auch für andere freuen kann – über Dinge, die man nicht hat, und sogar über Momente, von denen man selbst nicht glaubt, sie jemals so erleben zu dürfen. »Being famous on Instagram is like being rich in Monopoly.« Diesen Satz höre ich oft. Er mag vor Jahren noch zutreffend gewesen sein, doch mittlerweile gehen Insta-Girls mit zwanzigtausend Followern und mehr nicht nur virtuell »über Los«. Sie verdienen gut, einige wenige sogar Millionen. Der Vergleich mit Monopoly mag noch passen, wenn man bedenkt, was viele der Instagram-Stars für ihre Reichweite, ihren virtuellen Erfolg, tun mussten – fast nichts! In vielen Fällen sehen sie besser aus als der Durchschnitt, kleiden sich mit Stil und führen ein nach außen hin perfektes Leben. Große Leistungen müssen sie nicht erbringen, um zu inspirieren. Doch sollte man auch nicht vergessen, was sie mitbringen müssen: das Talent, die perfekte Illusion zu kreieren. Sie sind Schauspieler, die es schaffen, ihren Followern das Gefühl zu vermitteln, ihre beste Freundin zu sein. Sie sind die Geschichtenerzähler der Generation Instagram. Und oft geht ihre virtuelle Karriere mit ihrer »realen« im Alltag Hand in Hand. Ihre Überzeugung, Leidenschaft, Ausdauer und Energie verleihen ihnen Flügel und bringen ihnen die Anerkennung ein, durch die sie ihren Erfolgsweg in immer neue Richtungen steuern können.

Wer steht hinter den großen Karrieren der beliebten Insta-Girls? Wir! Wir liken, followen, sharen, kommentieren. Wir sind der Antrieb ihrer Karrieren, unsere Aufmerksamkeit ermöglicht ihnen das Leben, das sie führen, und ist die Luft, die sie atmen. Wir schenken ihnen unsere Zeit und unsere Begeisterung und erhalten im Gegenzug Inspiration, manchmal eine gehörige Portion Neid und das Gefühl, Teil von etwas Beson-

Foodporn in Barcelona.

Foodporn in Mailand.

derem zu sein. Die Vorstellung, Einfluss auf das Leben eines anderen Menschen zu haben, wird mit jedem »Like« Realität. Wir unterstützen diejenigen, an die wir glauben und freuen uns über ihren Erfolg, der auch der unsere ist – in Form der Bestätigung, dass wir mit unserem Geschmack, richtig lagen. Wir haben ein Bild geliked, wurden Follower, bevor zehntausend andere den Account ebenfalls entdeckt und sich unserer Wahl angeschlossen haben.

Instagram ist Tagtraum, Egobooster und Gruppengefühl zugleich. Ein Insta-Girl ist eine Botschafterin. Sie steht für einen bestimmten Lifestyle oder für ein Produkt und ist wandelnde Werbetafel, Traumverkäuferin und Sehnsuchtsgenerator in einem. Und verdient nebenbei Geld damit, die perfekte Illusion zu erzeugen. Mittlerweile hält die Welt Instagram für einen Kanal für Dauerwerbesendungen. Ein »Selfie«, so heißt es, sei auch nichts anderes als ein Teil der permanenten Werbekampagne für das eigene Ich. Und es stimmt. Instagram ist schon lange keine App mehr, um das eigene Leben mit Freunden und Familie zu teilen. Es ist – fast ohne dass wir es bemerkt hätten – zur Werbeplattform geworden.

Foodporn: Essen fotografieren und es im besten Fall auch – ja, wirklich – essen! Den Hashtag **#youdidnoteatthat** möchte man ungern unter seinem Foto sehen. Foodporn versprüht Lebensfreude. Große Burger, leckere Drinks und die besten Cookies – User sehen Dich als sinnenfreudigen Menschen. So dünn und doch genüsslich und beherzt nach Süßem greifend? Auf ein Food-Foto folgt meist eines aus dem Gym, mit dem Hashtag **#letswork** – aaah, so verschwinden die Ben-&-Jerry's-Kalorien wieder ...

Selfie: Licht ist die Antwort auf all Deine Fragen! Fotografiere Dich dort, wo es am hellsten ist, halte das Handy weit weg von Dir und hoffe, dass Deine Hand nicht zittert und sich im Hintergrund niemand bewegt! **#oneselfieadaykeepsthedoctoraway**

#fromwhereistand: Halte die Kamera vor die Brust und richte den Fokus auf Deine Füße. Dein Outfit of the day (**#ootd**) wird so am besten zur Geltung kommen. Klick, klick, klick und jetzt noch den Ort und die Labels verlinken – done!

Instashame: Passiert mir regelmäßig! Ein Bild auf Instagram hochladen und es später löschen, weil …

… es zu wenige Likes bekommt.

… man doch nicht so gut aussieht, wie man dachte.

… es optisch die Qualität und die Ästhetik des Streams zerstört.

… man es eh nur gepostet hat, weil gerade absolut nichts
Spannendes passiert.

Jetzt aber mal positiv! Was macht an Instagram so viel Spaß? Man guckt auf seinen Account und erlebt die Highlights des Jahres noch mal – die gelungensten Outfits, die besten Shootings und Meetings und den unvergesslichen Silvesterkuss. Wie bei einem Blog scrollt man sich durch sein Leben und wenn man es gut gemacht hat, fühlt man sich danach glücklich, motiviert und bereit für die 365 Posts des nächsten Instagram-Jahres.

Mehr Follower erreichen

Bei Instagram gibt es verschiedene Möglichkeiten, die Anzahl der Follower zu steigern. Gerade zu Beginn ist regelmäßiges Updaten wichtig, um den Followern auch wirklich das Gefühl zu geben, dass es sich lohnt, den eigenen Account immer wieder zu besuchen. Also poste am besten ein bis zwei Bilder pro Tag! Auch wichtig ist das Verlinken von Labels

– immer gut funktionieren Brandy & Melville, Citizens of Humanity und Kapten & Son. Außerdem: Warte nicht darauf, gefunden zu werden, sondern kommentiere und like die Bilder anderer User! Warum? Jeder User guckt sich seine Kommentare an und die meisten besuchen unbekannte Profile, um die eigenen Follower, also die persönliche Zielgruppe, besser kennenzulernen. Und mit etwas Glück gewinnt man so einen neuen Follower dazu. Ebenso wichtig ist es auch, anderen Profilen zu folgen, denn nicht selten bedanken sich die User im Gegenzug mit der gleichen Aktion. Ein Tipp, den viele Instagram-Neulinge bekommen, ist das Einführen von Hashtags. Davon rate ich persönlich ab. Beobachtet man die Accounts von Instagramern, die es zu einer beachtlichen Follower-Zahl gebracht haben, wird man feststellen, dass diese kaum Hashtags verwenden. Bei einem Foto, das als Kooperation entstanden ist oder das eine besondere Message senden soll, ist ein Hashtag notwendig. Doch nutze sie in Maßen, denn lieber solltest Du auf die Ästhetik Deiner Bilder vertrauen und darauf, dass andere sie verstehen und mit einem Like positiv bewerten.

Themen für den eigenen Account

Was möchte ich am Ende meines Lebens erzählen können? Was macht mich aus? An was sollen sich die Leute erinnern, wenn sie an mich denken? Wir alle suchen bewusst oder unbewusst nach einem Sinn in unserem Leben, nach unserem Fußabdruck, nach unserer ganz eigenen Melodie. Über Authentizität habe ich bereits gesprochen – jetzt geht es nur noch darum, seinem Herzen auf allen Kanälen zu folgen. Der Themenwahl – für Deinen Blog sowie auf Instagram – sollte eine Fifty-fifty-Entscheidung zugrunde liegen. Halb durchdacht, halb intuitiv und spontan. Soll der Account bunt und knallig, schwarz-weiß oder beides werden? Wird er sich dem Thema »gutes Essen« widmen, der Mode oder abenteuerlichen Reisen. Was auch immer es sein mag – die Hauptsache ist ein roter Faden und die gekonnte Gestaltung Deiner eigenen virtuellen Identität.

Welche Motive funktionieren?

Instagram ist eine virtuelle Galerie und die Besucher bleiben immer wieder an den gleichen Bildern hängen. Junge Mädels in kurzen Crop-Tops und zerrissenen Jeans, mit Stan-Smith-, Golden-Goose- oder Superga-Schuhen an braunen Füßen. Selfies nur mit großer Sonnenbrille und It-Bags im Anschnitt. Die Marke Brandy & Melville aus den USA steht für diese Ästhetik und hat so den sommerlichen Look der Instagram-Accounts geprägt. Das Unternehmen kooperiert mit Insta-Girls, die auf Reisen ihre Brandy-&-Melville-Tops an weißen Sandstränden fotografieren. Es ist ein Lebensgefühl, das sie sich durch die Marke zu eigen gemacht haben. Auf Instagram stehen für Freiheit nicht mehr nur

Sonnenuntergänge, sondern auch bauchfreie Brandy-&-Melville-Tops. Zwei meiner Instagram-Favoriten, die sich mit einer Variation dieser Ästhetik einen Namen gemacht haben, sind Rumi Neely von Fashiontoast und Fotografin Cate Underwood. Bei beiden kann man einen klaren Kleidungsstil und einen unverkennbaren Look in ihrem Instagram-Stream erkennen.

Homefood für Foodporn

Eine unverzichtbare Instagram-Kategorie ist Foodporn. Und wer nicht ständig in Restaurants und Cafés, die das Essen und den Kaffee fototauglich servieren, pilgern möchte, der kann daran arbeiten, in der eigenen Küche kleine Köstlichkeiten für seinen Stream zu drapieren. Ich selbst koche nicht und ernähre mich hauptsächlich von Croissants, daher ist mein Foodporn-Highlight jede Woche ein Dinner mit Freunden in einem schönen Ambiente. Trotzdem oder gerade deshalb bewundere ich diejenigen, die auch ohne Sternekoch in den eigenen vier Wänden ästhetisch ansprechende und schmackhafte Kombinationen zaubern. Wer bei Instagram aktiv ist, sollte sich nicht von der Tatsache frustrieren lassen, dass Fotos von Essen oft mehr Likes absahnen als tägliche Outfits oder Bilder mit Freunden. Foodporn ist eben für jeden etwas.

Es sind die kleinen Zeichen, die Gesten, die Worte,

die das Leben lebenswert machen.

BE CRAZY, BE WEIRD,
DON'T BE AFRAID OF
WHAT ANYBODY THINKS.

Die eigene Handschrift

Bei Instagram sollte man sich gleich zu Beginn für einen Filter entscheiden, um im eigenen Stream ein einheitliches Feeling zu transportieren und den Wiedererkennungswert zu erhöhen. Ich würde allerdings niemandem raten, den ausgesuchten Filter mit hundert Prozent Stärke zu nutzen. Es geht darum, ihn abgeschwächt und dezent einzusetzen und ihn – kaum erkennbar – über die Bilder zu legen. Schnell wirst Du sehen, wie Deine Instagram-Galerie dadurch eine schöne Gleichmäßigkeit erhält.

Strategie

Wie beim Bloggen geht es auch auf Instagram um Kooperationen und Promotion. Auch wenn man zu Beginn noch kein Geld von Labels erhält, sollte man, wenn man mit dem Instagram-Strom schwimmen will, in seine Looks Labels einbinden, die auf Instagram bereits präsent sind. So ordnet man sich einer Gruppe zu und kann dann, wenn man etwas erfolgreicher ist, daran arbeiten, sich step by step wieder von der Instagram-Gesellschaft abzuheben. Die beste Strategie für Instagram liegt

GET LOST

AND

FIND YOURSELF

darin, sich zu überlegen, wo die eigenen Stärken liegen, und diese immer wieder hervorzuheben. Vorlieben, Gewohnheiten, Lieblingsorte – alles, was uns ausmacht, ist für die Gemeinschaft auf Instagram interessant. **Darum: It's all about sharing!**

Ach, übrigens:
YouTube ist genauso spannend wie Instagram!

Videos tragen einen großen Teil zu Veränderungen in der Modewelt bei. Live und in Farbe bei den Shows dabei sein und sie sich mehrmals ansehen zu können (und das auch noch Monate später!) – das war nicht immer so. Wenn uns etwas wirklich gefällt, finden wir uns nicht mit einem eingefrorenen Bild ab, sondern wollen mehr – wir wollen es lebendig sehen. Die Generation YouTube geht mit unseren geliebten Insta-Girls Hand in Hand. YouTuber füllen mittlerweile ganze Stadien und werden wie Stars auf der Straße erkannt. Auch sie sind ein Phänomen unserer Zeit. Anders als bei uns Modebloggern, die es auf ihren Blogs perfekt und geschönt mögen, ist gerade das Unperfekte die USP – die Unique Selling Proposition, das einzigartige, unverwechselbare Verkaufsversprechen – der YouTuber. Jeder ist dort gleichzeitig Produzent und Hauptdarsteller in seiner eigenen Daily Soap – und die Generation Blog liebt dieses Medium genauso sehr wie ihre Blogs!

Meine Top-10
Instagram-Accounts?

Natalie Joos (jxxsy): Mein Lebensguru. Frauen mit Humor wie sie sind meine absoluten Vorbilder! In Paris machte ich ihr ein Kompliment für ihren bunten, lebendigen und authentischen Stil.

Leandra Medine (manrepeller): Ebenfalls eine Frau, die mir mit ihrer verrückten Art stets ein Lächeln ins Gesicht zaubert.

Chiara Ferragni (chiaraferragni): Klar, oder? So klar, dass es eigentlich schon wieder langweilig ist, ihren Namen auf meine Top-Liste zu setzen. Chiara Ferragni ist mittlerweile reich und berühmt und bei ihr passiert einfach immer etwas. Die nächste Reise steht schon fest, wenn die derzeitige noch nicht mal vorbei ist und ihre Kooperationen und Events sprengen längst den großen Rahmen.

Elin Kling (elinkling): Weil sie einfach meine Stilkönigin ist!

Freunde von Freunden (fvonf): Ein super Projekt, das durch eine noch bessere Umsetzung überzeugt. Wer möchte nicht sehen, wo Kreative so arbeiten?

Hedvig Sagfjord Opshaug (hedvigso): Ganz einfach! Diese Mutter hat Stil.

Hanna Mw (hannamw): Eine sehr gute Stylistin. Die Bilder wirken nicht über die Maßen inszeniert. Das gefällt mir.

Rumi Neely (rumineely): Ihr Look hat Wiedererkennungswert: Rückenfreier Body, High-Waist-Shorts und Heels.

iGNANT(ignant): Eine Inspirationsquelle abseits der Mode.

Cate Underwood (undervoodoo): Fotografin, Model und Mutter – und das alles mit einer unverwechselbaren, beeindruckenden Aura. Sie bei einem Kampagnen-Shooting für das Label New Yorker kennenzulernen, war einen Tagebucheintrag wert.

Apropos Monopoly:
Mit dem eigenen Blog Geld verdienen

Auf einem Blog kann man nicht nur seiner Kreativität freien Lauf lassen und seine Individualität ausdrücken – man kann ihn auch nutzen, um Geld zu verdienen. Es gibt einige Dinge dazu, die ich gern früher gewusst hätte, als ich mit dem Bloggen angefangen habe. Oder vielleicht auch nicht? Manchmal ist eine Portion Naivität ja auch nicht schlecht …

Möglichkeit 1: Bannerwerbung,

die (in den meisten Fällen) thematisch angepasst wird

Über die Website »Mode Media« (www.modemediacorp.com) können Werbepartner aus dem Modebusiness gewählt werden. Je mehr Reichweite Dein Blog hat, desto attraktiver ist er für Kunden und desto lukrativer ist auch Bannerwerbung auf dem Blog. Was viele Leute sehen, wird auch großzügig bezahlt. Ein Banner, das in Dein Layout eingebaut wird, ist zwar eine unabhängige Form der Werbung, macht Deinen Blog aber nicht unbedingt schöner …

Möglichkeit 2: Advertorials

Ganz einfach: Bezahlte Beiträge. Das Wort sagt es schon: Advertorials sind eine Mischung aus Advertising (Werbung) und Editorial (dem Text eines »freien« Redakteurs, der nicht von einem Auftraggeber, sondern seinem Verlag bezahlt wird). Advertorials sind deshalb bei den Herstellern von Produkten besonders beliebt, weil sie dem Leser den Eindruck vermitteln, die Empfehlung des Bloggers sei seine eigene, »unabhängige« Meinung. Und das kann sie ja auch durchaus sein, aber sobald Geld ins Spiel kommt – und die Unternehmen geben immer größere Budgets für Beiträge auf Blogs frei –, wird es eben komplizierter. Die Debatte um Schleichwerbung hat dazu geführt, dass solche Posts als »Anzeige« gekennzeichnet werden müssen. Das Advertorial kann eine Fotostrecke sein, in die Produkte des Auftraggebers integriert wurden, ein Moodboard, in dem die Produkte des Kunden gezeigt werden, oder ein Text, in dem sie positiv erwähnt werden. Doch wie kommt man an einen solchen Auftrag? Wenn es nicht der Kunde ist, der den Kontakt aufnimmt, kann man den Herstellern von sich aus (per Telefon oder E-Mail) anbieten, über ihre Waren zu bloggen. Dir gefällt eine Kollektion besonders gut und Du würdest sie ohnehin gern Deinen Lesern empfehlen? Dann kontaktiere doch mal die Firma und frag, ob sie Deinen Blog kennen und Interesse hätten, Dich mit einem Honorar für einen Beitrag zu ihren Produkten oder auch dem Label als Ganzes zu unterstützen!

Möglichkeit 3: Affiliate-Links

Für Empfehlungen bekommen Blogger das meiste Geld. Produkte recherchieren, zeigen und über Links an seine Follower weitergeben, um am Umsatz beteiligt zu werden – das ist etwas, das jeder Blogger immer stärker in seinen Arbeitsfokus setzt. Abgerechnet wird hierbei aber nicht auf Klickbasis (Cost-per-Click, kurz: CPC), sondern über CPO (Cost-per-Order) – was natürlich schwieriger zu erreichen ist. Nicht jeder Onlineshop bietet Affiliate-Werbung an, aber wo es möglich ist, werden die Links immer gern in die eigenen Posts integriert. Der Big Player? www.liketoknow.it. Anmelden, bei einem Instagram-Bild den Like-Button klicken und die Outfit-Credits als Mail bekommen. Schon ganz schön genial, oder? Bei Zuschauern und Followern den Wunsch zu wecken, das zu kaufen, was andere tragen, war schon immer eine Strategie der Industrie.

Möglichkeit 4: Shootings, Kampagnen, Kooperationen

Mit Bloggern zu kooperieren, ist ein wichtiger Teil der Modeindustrie geworden. Viele Marken ernennen Blogger zu Markenbotschaftern, nutzen sie als Models oder involvieren sie in den Entstehungs- oder

Styling-Prozess ihrer Kollektionen. Diese Arbeit wird natürlich vergütet. Anders als bei den Advertorials »kauft« der Hersteller nicht die direkte, produktbezogene Empfehlung des Bloggers, sondern das Recht, seinen Namen mit dem des Blogs zu verbinden. Der Blogger muss also nicht unbedingt das Sortiment des Kunden thematisieren. Doch sollte er sich auch bei diesen Jobs immer treu bleiben und nur Hand in Hand mit den Labels gehen, die die eigene Stilrichtung teilen. Sonst passiert was? Die so oft kritisierte Unglaubwürdigkeit kann einem Blogger ganz schnell zu einem schlechten Ruf verhelfen.

Hätte ich, wenn ich dieses Wissen schon früher gehabt hätte, anders agiert? Ich glaube nicht. Bannerwerbung war noch nie etwas für mich. Auch bin ich kein Fan von Empfängen, Events oder Pressdays, um mir neue Produkte zum Vorstellen auf meinem Blog andienen zu lassen. Nun ja, wenn mich Céline oder Louis Vuitton ausstatten wollen würden, wäre meine Antwort wohl kein Nein. Aber grundsätzlich fühle ich mich besser, wenn ich mir ein Kleidungsstück selbst kaufe, von dem Geld, das ich selbst erarbeitet habe. Dann gehört es mir und wird, wie für Samantha im Film Sex and the City 2 der teure Blumenring, zum Symbol meiner eigenen Zielstrebigkeit. Und auch einmal stolz auf sich selbst zu sein, ist wichtig.

BE GOOD

TO YOURSELF!

PRESSE UND PRINT

———

Mein Einstieg in die Modebranche und ins Bloggerleben wurde durch eine Reihe von Ereignissen herbeigeführt. Die wichtigste Helferin dabei? Die Presse! Und es waren nicht die Online-Magazine, die zuerst über meinen Blog berichteten, sondern – ganz old-school – die Printmedien.

Ich bloggte bereits einige Monate, als eine Freundin meiner Mutter ihr eine Mail schickte: »Liebe Enja, wir hier beim Stern gründen ein neues Magazin für Teens. Yuno soll Kids zwischen zehn und siebzehn Jahren ansprechen und mit verschiedenen Themen inspirieren. Momentan schreiben wir an einer Geschichte über junge Blogger. Könnte ich mich dazu einmal mit Anouk zusammensetzen? Sie hat doch bestimmt ein paar gute Tipps!«

Am Freitag darauf saßen wir zusammen in einem Café bei uns um die Ecke. Die Redakteurin von Gruner + Jahr war gut vorbereitet und arbeitete sich durch eine lange Liste von Fragen, die den Artikel bestimmen sollten. Warum ich mit dem Bloggen begonnen hätte, ob ich wirklich erst fünfzehn wäre und wie das generell eigentlich alles funktionieren würde. Wir schlürften Latte Macchiato und sie notierte, schrieb, strich durch und fügte neue Fragen zu ihrer Liste hinzu. Am Ende unseres Gesprächs war ich erschöpft, hatte aber auch das Gefühl, geholfen zu haben, und fühlte mich gut. Wir verabschiedeten uns und sie versprach, mir vor der Veröffentlichung des Artikels Bescheid zu geben. **Doch es kam anders.** Das Wochenende verstrich und am Montag rief mich meine Mutter während ihrer Mittagspause an. »Hey Spatz, meine Freundin hat gerade angerufen. Der Stern liebt deinen Blog und die Redaktion von Yuno würde gern ein Shooting mit dir für die erste Ausgabe machen. Ruf sie doch mal zurück und besprich mit ihr die Details, wenn du Lust hast.« Und wie ich Lust hatte! Nachdem ich mit der Freundin meiner Mutter gesprochen hatte, zog ich meine besten Freundinnen Charlie und Yasmin auf dem Schulhof beiseite und weihte sie in mein Projekt ein. Das Besondere: Sie sollten Teil des Shootings sein. Was dann passierte, war verrückt. Wenn die Dinge erst einmal ins Rollen kommen, geht alles ganz schnell. Man ahnt nichts und spürt trotzdem irgendwie, dass sich etwas anbahnt. Es ist Intuition, Bauchgefühl, die innere Stimme. Unruhe macht sich breit, aber positive. **Die Form von Unruhe, die das Gefühl mit sich bringt, dass etwas Großes bevorsteht. Und genau so war es auch.**

Endlich war es soweit und wir traten durch die Wohnungstür der Fotografin. Sie sollte uns in wilden Klamotten in Szene setzen. Die Idee war einfach: Drei Mädchen – beste Freundinnen – haben Spaß am Anprobieren junger, frischer, bunter, sehr wilder Klamotten. Sie sind ausgelassen und freuen sich darauf, die Looks später online zu stellen. Und zwar auf dem Blog der Hauptakteurin. Also auf »Anouk on the brink«.Es war ein Tag, den ich so schnell nicht vergessen werde. Nicht nur ein Backstage-Video ruft heute noch bei mir die Erinnerungen wach. Sobald ich die Ausgabe der Yuno von damals aufschlage, höre ich unser Gelächter und liege wieder in einem zusammengewürfelten, etwas verrückten Outfit auf dem Holzfußboden in der Altbauwohnung der Fotografin und lasse mir von ihr meine Posen dirigieren.

Was wohl passiert wäre, wenn ich diesen Tag einfach verschlafen hätte? Wenn er niemals stattgefunden hätte und der darauffolgende Artikel statt meinem den Namen einer anderen Bloggerin erwähnt hätte? Groß prangte mein Alter auf der ersten Seite des sechs Seiten langen Artikels und als das Magazin die Kioskstände und somit auch die Hände der Jugendlichen erreichte, wurde ich tatsächlich das erste Mal auf der Straße erkannt. Verrückt!

Mit 15 Jahren nimmt man seine E-Mail-Adresse noch nicht wirklich ernst. Meistens hat man sie zusammen mit den Eltern erstellt und den Spitznamen und das Geburtsjahr verwendet – auch ich kam nur knapp an nuki@hotmail.de vorbei. Oft benutzt hat man diese Adresse aber in der Regel nicht. Doch nach der Publikation der Blogger-Story in der Yuno – das neue junge Magazin vom Medien-Giganten Gruner + Jahr wurde von allen gespannt erwartet – bekam ich Post. Sehr viel Post. Und es landeten nicht wie bei Harry Potter Eulen auf meinem Dach am Grindelhof, sondern Mails in meinem Postfach. Die Worte »Anfrage«, »Projekt« und »Interview« waren in jeder von ihnen zu lesen und ich musste mich – wieder mal – fragen, was ich wirklich wollte. Vor mir tat sich eine Kreuzung auf. Ich konnte den einfachen Weg wählen, den der Schule, oder aber mich für den anstrengenden Weg entscheiden. Den Weg, der viel von mir abverlangen würde und für den ich, um auf

Nummer sicher zu gehen, einen Sturzhelm einpacken müsste. Denn man weiß ja nie, wie und wo er enden wird.

»Surreal«, das ist mein absolutes Lieblingswort. Warum? Weil es aus dem Film *Notting Hill* mit Julia Roberts stammt, den ich bestimmt hundertmal gesehen habe. Dieser Film macht mich immer glücklich und lässt sich gut mit Chips, Popcorn oder Kinder Schoko-Bons auf der Couch kombinieren. Er liegt nie schwer im Magen, sondern ist leichte Kost mit einem herrlich süßen Nachgeschmack. »Surreal«, das ist ein Synonym für unwirklich. Eine Zeit lang habe ich oft »Gott, wie surreal« gesagt. Meine Alternative für: »Einfach nicht zu glauben!« Das Wort gewann für mich an Bedeutung in einer Zeit, in der sich einiges, wenn nicht sogar alles veränderte. Manche Veränderungen spüren wir kaum, sie vollziehen sich schleichend, still und leise und nehmen heimlich den eigenen Charakter in Besitz. Ein bisschen Schleifen hier, ein wenig Feilen da und plötzlich, ohne dass man es überhaupt gemerkt hat, ist man jemand anders geworden. Andere Veränderungen aber sieht und fühlt man von der ersten Sekunde an. Während sie passieren, spürt man die Metamorphose am eigenen Leib – wie in *Harry Potter* der Phoenix, der aus der Asche aufersteht, wird man selbst neu geboren. (Erstaunlich, dass es für so viele wichtige Dinge einen Harry-Potter-Vergleich gibt, oder?) Nach dem Artikel in der Yuno füllte sich mein Kalender in Windeseile. Es war, als hätten plötzlich alle Journalisten Lust, über Mode und eine fünfzehn-jährige Bloggerin zu schreiben. **Der Grund? Das Thema war neu, das Alter beeindruckend jung.**

»GOTT,
WIE SURREAL.«
MEINE
ALTERNATIVE
FÜR:
EINFACH NICHT
ZU GLAUBEN!

An einem ganz normalen Schultag vibrierte während des Matheunterrichts mein Handy. Eine willkommene Ablenkung! Ich gab vor, auf die Toilette zu müssen, und nahm das Gespräch an, sobald ich das Klassenzimmer verlassen hatte. »Hallo, Anouk Jans!« Die Stimme am anderen Ende der Leitung klang hell, jung und souverän.

»Hallo, hier ist Kathrin von der BILD-Zeitung.
Haben Sie einen Moment Zeit?«
»Ja klar, gern!«
»Ich würde Sie gern für ein Interview anfragen.«

An einem Samstagmorgen ging es dann ins Interconti-Hotel, wo mich schon ein Fotograf mit einer riesigen Spiegelreflexkamera erwartete. Er brachte mich zu Kathrin, die noch beim Frühstück saß. »Da haben wir ja unser Wundermädchen«, begrüßte sie mich. Wie ein Wunder fühlte ich mich leider ganz und gar nicht. Kathrin holte ihr Diktiergerät aus der Tasche und begann das Interview. Eine Stunde später wurden die Fotos gemacht. Ich erinnere mich noch heute mit Scham daran, welch unangenehme Geräusche meine Clogs auf dem Parkett der Halle machten, als wir zum Fahrstuhl gingen. »Von da kommst du auf uns zu«, wies mich der Fotograf an. Als er fertig war, verließ ich das Treffen in der Hoffnung, sie würden das Bild nur ganz klein abdrucken, versteckt auf einer der letzten Seiten vielleicht. Doch wieder kam es anders. Die BILD widmete mir eine komplette Seite. Das Foto und die fette Überschrift »Das Modemädchen aus dem Internet« waren so groß, dass der Artikel in der Zeitung nicht zu übersehen war. Plötzlich sah ich die BILD überall, im Bus, in der Bahn, beim türkischen Obstladen und beim Bäcker. Hätte ich damals, mit fünfzehn Jahren, schon wissen können, dass Netzkleider auftragen, eine Dauerwelle noch nie eine gute Idee war und ein Fuchsschwanz an der Tasche ganz einfach ein No-Go ist?

Nachdem der Artikel erschienen war, stand meine Welt endgültig Kopf. Ich wurde regelmäßig auf der Straße von fremden Leuten erkannt und angesprochen und das Telefon klingelte pausenlos. Der Titel »Deutschlands jüngste Modebloggerin« zog sich durch die Medienwelt wie ein Flüstern bei dem Spiel Stille Post. Die DPA bat um einen Interviewtermin, den ich ohne zu zögern annahm. Dass ich zuvor meinen Vater gefragt hatte: »Papa, was ist die DPA?«, verschwieg ich natürlich. Der Termin für das Interview wurde auf einen Samstagmorgen gelegt, schließlich ging ich noch zur Schule. Unglücklicherweise war die lange Partynacht mit Freunden am Vorabend erst sehr spät zu Ende gegangen. Als der Wecker am frühen Morgen klingelte, stellte ich ihn im Halbschlaf einfach wieder aus. Um elf Uhr läutete es an der Haustür, mehrmals. Noch immer todmüde quälte ich mich langsam aus den Laken. Mein Gesicht hätte ich gern gesehen, als die Stimme am anderen Ende der Sprechanlage sagte: »Hallo, hier ist Anne von der DPA, wir hatten telefoniert. Es geht um das Interview!« Erschrocken schwieg ich und stotterte dann zaghaft: »Einen Moment, bitte.«

Jetzt musste alles ganz schnell gehen. Wäre das eine »Wer-schminktsich-am-schnellsten«-Challenge bei Germany's Next Topmodel gewesen, ich hätte sie mit Sicherheit gewonnen. Bei der Kleiderwahl

stockte es dann: Es klopfte, ich machte auf und versuchte die Tatsache zu verdrängen, dass ich mein Schlafshirt trug, meine Haare ungewaschen waren und meine Mütze – die einzige Möglichkeit bei einem Bad-Hair-Day wie diesem – nach Zigarettenqualm stank. Auch Anne versuchte ihr Erstaunen über meinen Auftritt zu überspielen und schob sich samt Kamera und Aufnahmegerät durch die Tür. Wir setzten uns auf mein kleines Sofa und es ging los: Smalltalk zehn Minuten, Interview fünfunddreißig Minuten, Abschied zehn Minuten. Ich versuchte durchzuhalten. Als Anne ging, hatte sie meine Antworten auf ihre Fragen und dazu ein paar furchtbare Fotos in der Tasche. Sie hatte darauf bestanden, mich auf dem Fußboden sitzend beim Zeichnen zu fotografieren. Wie müde und schlecht gestylt ich (trotz aller Bemühungen) auf den Bildern tatsächlich aussah, wurde mir erst eine Woche später klar, als die Fotos im Internet auf sämtlichen Plattformen kursierten. Anne hatte für DPA einen guten Job gemacht: Der Artikel kam bei der deutschen Presse unglaublich gut an und erschien in den folgenden Tagen in über fünfzig Online-Ausgaben von Zeitungen in ganz Deutschland – und das mit diesen unglaublich peinlichen Bildern! »Süß«, sagte meine Freundin Laura, während ich versuchte herauszufinden, wie ich diese verdammten Fotos im World Wide Web durch andere ersetzen könnte. Mein zweiter Gedanke war, eine Gesichtsoperation in L.A. vornehmen zu lassen, von der mir Laura allerdings abriet. Da erscheint auf so vielen Kanälen ein wunderbares Interview, ich stehe zum ersten Mal in dieser Größenordnung in der Öffentlichkeit – und woran denke ich? An eine Bildstrecke bestehend aus vier Schnappschüssen, bei deren Anblick mich die schlimmsten Selbstzweifel plagten. Laura schüttelte zu Recht

SMALLTALK
10 MINUTEN,
INTERVIEW
35 MINUTEN,
ABSCHIED
10 MINUTEN.
Ich versuchte durchzuhalten.

den Kopf und strich mir die Haare, hinter denen ich mich gern für den Rest meiner Tage versteckt hätte, aus dem Gesicht.

Heute würde ich vor einem Interview nur Items aus meinem Schrank zaubern, bei denen die »Look-and-Feel-Good«-Chance bei einhundert Prozent liegt. Wozu sonst gibt es Lieblingsteile in der eigenen Garderobe, die im Zweifel immer herhalten müssen? Mich in neuen Looks selbst zu fotografieren, hat mir dabei geholfen, mich selbst kennenzulernen und herauszufinden, welche Mode zu mir passt. Ein Handyalbum kann so zur Übungsplattform werden. Und um bei der persönlichen Mode-Dos-and-Don'ts-Liste zu helfen, reichen zum Glück auch unscharfe Handyfotos. Bis ich mich allerdings traute, bei Pressefotos selbst eine Vorauswahl zu treffen, und im Stande war, laut und deutlich Nein zu Texten und Fotos zu sagen, die mir ungeeignet erschienen, und Verbesserungswünsche ohne Vorbehalte zu äußern, dauerte es noch etwas. **Jahre, um genau zu sein. Es war ein langer Weg.**

MICH IN NEUEN LOOKS SELBST ZU FOTOGRAFIEREN, HAT MIR DABEI GEHOLFEN, **MICH SELBST KENNENZULERNEN ...**

Definitiv Surreal:

Vor meinem Foto der Brigitte Kampagne auf dem Ku´damm in Berlin.

Blogger Rule Number 5

WENN ANDERE AN DICH GLAUBEN:
GLAUBE IHNEN!

Die Welt, das Hamburger Abendblatt, die Hamburger Morgenpost, die Berliner Zeitung, Die Welt Kompakt, die Süddeutsche – sie alle und nicht wenige andere zogen nach. Es war ein bisschen wie im Zoo, wenn ein neues Eisbärenbaby geboren wird und alle hinrennen, um es zu fotografieren,»Wie süß!« zu sagen und mit dem Bericht über diese Attraktion für einen kleinen Moment von den furchtbaren Geschehnissen auf der Welt abzulenken. Ich freute mich über jede Veröffentlichung, arbeitete neben der Schule weiterhin an meinem Blog und versuchte, den wachsenden Druck solange es ging zu ignorieren. Wie bei dem kleinen Eisbären im Zoo wollten die Leute mich wachsen sehen, freuten sich auf das nächste Update und richteten immer wieder ihre Augen und ihr Interesse auf jedes kleine Detail meines Lebens. Der Druck wuchs, aber der Spaß blieb. Die Teams, mit denen ich zusammenarbeitete, wurden größer und immer öfter wurde ich zu Radiosendungen eingeladen. Vor dem Mikrofon und einem vor Witz sprühenden Moderator zu sitzen, war neu und aufregend – und auch diese Aufregung wurde bald von der Lust auf das nächste Abenteuer abgelöst. Und davon gab es noch einige! Sich vor Kameras zu stellen, Interviews zu geben und im Studio ins

Im Gespräch mit Armin Morbach

vom Tush Magazin für die
Affordable Art Fair.

Grazia Magazin:

Eine Anzeige der „Generation Frau" Kampagne und ich bin dabei :)

Welt Kompakt:

Eine ganze Doppelseite für 4 Pigeons.

Mikrofon zu sprechen und zu wissen, dass einem mehr Menschen zuhö-
ren, als man sich vorstellen kann, ist nicht ganz einfach. Natürlich war
es nicht nur aufregend, sondern auch sehr befriedigend. Mein Bekannt-
heitsgrad stieg und mein Blog bekam mehr und mehr Follower. Unter
meinen besten Freundinnen, die ebenfalls sehr kreativ waren und eigene
Blogs hatten, gab es solche, die sich mit mir freuten, und andere, die
mir die Aufmerksamkeit der Medien neideten. Für manch eine Freundschaft war das eine große Belastung und die ein oder andere verkraftete
es nicht. Ich habe mich oft gefragt: Warum ich? Was mache ich denn
so viel besser oder anders als die anderen? **Die Unterschiede erschienen mir manchmal sehr klein und vielleicht war es auch nur Glück,
dass die Presse sich auf mich eingeschossen und mich zur »jüngsten
Modebloggerin Deutschlands« erklärt hatte.** Aber was konnte ich
daran ändern? Nichts. Charlie, deren Fotos ich liebte und die selbst alles
andere als erfolglos war, konnte damit umgehen, dass ich so oft in den
Medien war. Andere nicht. Doch trotzdem tat ich alles, um weiter neue
Projekte zu initiieren, und konzentrierte mich voll auf meine Arbeit.

Obwohl ich das Interesse der Medien an mir und meinem Blog nicht
steuern konnte, weiß ich heute doch, was gute PR-Arbeit ist, und dass
besonders wichtige Events und Neuigkeiten es wert sind, Zeit in eine
Pressemitteilung zu investieren. Wenn Du Kontakt zu den Medien herstellen willst, fang am besten mit der lokalen Presse an und lass sie wissen, was Du in Deiner Stadt machst und das dahinter Dein Blog steht!
Wenn es etwas ist, das eine Mitteilung an die Presse wert ist – eine
Veranstaltung, eine Themen-Party, eine Fashion-Show, ein Produkt, das

Du kreiert hast, eine Ausstellung, Performance oder ein Interview mit einer spannenden Persönlichkeit –, such Dir das richtige Ressort und recherchiere, wer dafür verantwortlich ist. Zeitungen und Magazine haben für (fast) alles einen passenden Platz. Was immer gut kommt: Greif zum Telefon und ruf den Ressortleiter oder einen anderen Mitarbeiter an, um persönlich von deinem Projekt zu berichten und das Medium einzuladen, Deinen Blog zu besuchen.

Gerüchte und Tatsachen

Modeblogger brauchen jeden Morgen mindestens zwei Stunden vor ihrem Kleiderschrank, um ihr Outfit auszusuchen?
Stimmt nicht! Wer gut sortiert ist oder meinem Lieblingstrend folgt und sich eine »Uniform« zulegt, braucht im besten Fall fünfzehn Minuten. Bei mir sieht das so aus: Jeans, schwarzer Rollkragenpullover, Lederjacke, der Bottega-Veneta-Schmuck, den ich schon seit Jahren trage, Schuhe – done!

Modeblogger haben ganz viele Klamotten?

Okay, vielleicht bin ich da eine Ausnahme. Ich zähle 20 Pullover, 15 Jeans, 15 Paar Schuhe, 22 Jacken, 4 Taschen. That's it. Ist das etwa viel? Bei meiner Garderobe lautet mein Motto: Sinnvoll investieren und nichts nur um des Kaufens willen kaufen.

Modeblogger bekommen alle teuren Sachen geschenkt?

In meinem Fall waren es eine Céline-Tasche und zwei Jeans. Alles andere ging leider immer auf mein Konto. Oder besser gesagt: von meinem Konto runter.

Modebloggen ist keine richtige Arbeit?

Das sagen jene, die sich nicht vorstellen können, dass wir Onlineredakteure (wie ich uns lieber nenne, seit das Wort »Blogger« von manchen Leuten hämisch benutzt wird) oft bis nachts um drei schreiben und Posts vorbereiten, die Wochenenden für Shootings aufgeben und Wochen damit verbringen, Kooperationen ins Rollen und die Follower zum Lesen zu bringen. Denn die Follower werden immer anspruchsvoller und die Blogger nicht weniger. Für unsere Leser soll es nur das Beste sein. Wenn man dann auch noch originell – und originär! – sein möchte, ist viel Zeit und Kraft zu investieren. Zeit mit meiner Familie und meinen Freunden als »Quality Time« zu bezeichnen, hätte ich mir mit dreizehn nicht vorstellen können. Heute, mit zwanzig und einem vollen Terminplan, bin ich an einen Punkt gelangt, an dem ich Gespräche ohne Business-Hintergrund genieße und mir an einem Sonntag sogar gern mal von meiner Mutter das Handy wegnehmen lasse – sie darf das!

**Blogger tragen nur High Fashion und
beschäftigen sich auch mit nichts anderem?**

Ein Vorurteil, das längst nicht mehr stimmt. Schon allein deswegen,
weil Blogger sich eine einseitige Sicht auf die Welt nicht mehr leisten
können. Sich mit Kunst, Reisen, Musik und Kultur auseinanderzuset-
zen, ist für einen Top-Blogger Pflicht. Er muss die Augen offen halten,
denn er ist ein laufendes Live-Programm für seine Leser – und seit es
Snapchat gibt, sogar für seine Zuschauer. Die Transparenz seiner Arbeit ist extrem wichtig und vom besten Eisladen in L.A. bis zum besten
Vintage-Shop in London darf er seinen Followern nichts vorenthalten.

Die Konten von Bloggern sind am Ende des Monats oft leer?

Stimmt. Leider. Reisen und ein hoher ästhetischer Anspruch sind kost-
spielig. Trotzdem darf das Geld nie in den Vordergrund und hinter die
Leidenschaft rücken. Denn Follower sind extrem kritisch: Sie können
den Geruch des Kommerziellen riechen und spüren die Ausrichtung eines Bloggers auf den finanziellen Erfolg sofort.

FASHION WEEK!!!!!!!!

AUF ZUR FASHION WEEK

—

Modeblogger haben eine eigene Zeiteinheit. Sie ist meist länger als ein Tag, kürzer als eine normale Woche und für alle ein Highlight, das heller strahlt als Weihnachten: die Fashion Week!

Meinen ersten Trip zur Fashion Week unternahm ich, als mein Blog bereits ziemlich lange im Netz stand und auch schon recht bekannt geworden war: Die Hashtags #anoukgoestoberlin und #anoukgoestoparis gingen 2013 das erste Mal online. Während meine Mitschüler für ihr Abitur lernten, machte ich mich auf den Weg nach Berlin und – beinahe gleich im Anschluss daran – nach Paris. In Berlin rannte ich mit Max Motel als Kameramann im Schlepptau von Messe zu Messe und von Show zu Show. Er drehte ein Backstage-Video, das ich als Aufhänger für den Petra-Teufel-Blog nutzte. Kathrin Bruss, Inhaberin der Hamburger Luxusboutique Petra Teufel, hatte mich beauftragt, einen Blog für ihre Geschäfte aufzubauen. Also kreierte ich, inspiriert von Star-Bloggerin Garance Doré, zusammen mit Max unseren eigenen YouTube-Channel.

Die Tage in Berlin vergingen schneller, als meine Finger alle Geschehnisse in neue Blog-Einträge hämmern konnten, und schon bald traten an meinem neuen, knallblauen Balenciaga-Motorcycle-Bag die ersten Gebrauchsspuren auf. Und genauso aufregend würde es auch nach Berlin weitergehen: Paris würde eine noch größere Herausforderung

Mode ist auch immer ein Statement.

(Patricia Riekel)

werden als Berlin, wo es schon anstrengend genug gewesen war, immer zur richtigen Zeit am richtigen Ort zu sein, die richtigen Leute zu treffen und keinen Auftritt, der für den Blog von Bedeutung war, zu verpassen. Nun musste ich noch eine Abi-Klausur, auf die ich mehr schlecht als recht vorbereitet war, hinter mich bringen und anschließend sofort wieder startklar sein! Würde ich es in Paris schaffen, allen Anforderungen gerecht zu werden? Um meine Versagensängste unter Kontrolle zu bekommen, kaufte ich erst einmal sämtliche Neuausgaben meiner Lieblingsmagazine.

Fashion-Week
Survival-Guide

»⟶ Kenn die Namen der Szene:
Designer, Stylisten, Models – wer, wo, was, wann und warum!

Gut informiert zu sein, ist (fast) genauso wichtig, wie gut gekleidet zu sein. Das berühmte »Name-Dropping« ist unverzichtbar: Es ist auf jedem Event ein gutes Mittel, um seinem Gegenüber zu zeigen, dass man sich auf mehr versteht als nur darauf, sich gut anzuziehen. Für die wichtigen Namen sollte man genauso ein Faible haben wie für schöne Klamotten – sie erfüllen den gleichen Zweck. Für die Augen, was Du hast, für die Ohren, was Du kennst: Kompetenz ist in der Modeszene genauso wichtig wie in jedem anderen Job. Der Small Talk hier dreht sich nicht ums Wetter, sondern um It-Girls, Out-Girls – die, die einmal »It« waren und es nun nicht mehr sind – und generell um Models und Marken, um die Macher und Ereignisse hinter den Kulissen. Ein großes Gesprächsthema ist immer: Wer arbeitet mit wem und warum? Dieser Abgleich von Kenntnissen bedeutet, sich zu positionieren. Positionen zu kennen und Position zu beziehen – das ist wie ein gegenseitiges Kennenlernen. In diesem Business muss man sich verkaufen können, und das mit Feingefühl. Denn man sagt auch: »Wer wirklich wichtig ist, hat es nicht nötig, darüber zu reden.« Und das stimmt.

»⟶ Erstelle ein persönliches Moodboard!

Moodboards sind nicht nur etwas für Fotoshootings. Sie helfen uns, unserem Stil-Vorbild näherzukommen, uns einen Überblick über unsere Träume zu verschaffen und zielgerichtet unseren Weg zu gehen. Auf meinem Handy sammle ich täglich bis zu hundert Screenshots, von inspirierenden Styles auf Tumblr oder Instagram bis hin zu wichtigen News, die meine Arbeit beeinflussen – jetzt oder in der Zukunft.

**»⟶ Lies regelmäßig die neusten Printmedien
(nicht nur Magazine, auch Tageszeitungen)!**

Allgemeinbildung kann Dich auch für die Mode inspirieren. In meinen kurzen eineinhalb Semestern an der Uni im Studium Modejournalismus

Modern ist, was man selbst trägt.

Unmodern ist, was andere tragen.

(Oscar Wilde)

wurden wir jeden Morgen gefragt, was gerade auf dem Cover des Spiegels, des Focus, der BILD und vielen weiteren journalistischen Magazinen zu sehen wäre. Auch die Themen der Tageszeitungen mussten wir nennen können. Es sollte unseren Blick von der Mode zu allgemein wichtigen Themen lenken. »Weitsicht«, wurde uns immer wieder gesagt, »ist wichtig.« Genauso: »Über den Tellerrand hinaussehen.« Vom aktuellen Tagesgeschehen über Kunst, Kultur und Literatur bis hin zu Wissenschaft und Technik kann alles zur Quelle von Ideen, Bildern und Kreationen werden!

≫⟶ Weißt Du über den Stil der Epochen Bescheid?
Unternimm Zeitreisen: Die Vergangenheit verstehen heißt in der Gegenwart arbeiten und für die Zukunft planen können!

Es gibt wunderbare Bücher, die die Mode seit ihren Anfängen, von Bärenfell und Lendenschurz an, erklaren und in einen geschichtlichen Kontext einordnen. Wer sich damit befasst, wird schnell merken, wie sich seine Wahrnehmung der Mode verändert. Goethe sagt: »Man sieht nur, was man weiß.« Darum habe ich mich in die Geschichte der Mode eingelesen: um klarer zu sehen, woher etwas kommt und wohin etwas geht. Bis heute ist die Vergangenheit Inspiration für die Trends unserer Zeit. Sie lässt uns nicht los – und das ist keine Nostalgie. Es gibt viele Trends, die sich an vergangenen Zeiten orientieren, sie aber neu interpretieren. Und solche, die – wie zurzeit der Trend der Seventies – von Kopf bis Fuß kopiert und nahezu unverändert übernommen werden. Nicht selten haben wir uns sattgesehen am futuristischen Design und wollen »back to the basics«. Unsere alte, jahrelang getragene Levi's Jeans und unsere Birkenstocks gehen mit uns durch den Sommer; von Exzentrik wollen wir gerade nichts wissen. Authentische Styles, in denen es sich bequem leben lässt, sind gefragt und der Blick zurück ist so wichtig wie der nach vorn. Warum? Weil das, was war, immer ein Teil von dem sein wird, was kommt!

MAN SIEHT NUR, WAS MAN WEISS.

On the road again.

Must do:
Frühstück im Hotelbett.

»The eye has to travel« –
alles kann eine Inspiration sein!

Wie Models das dauernde Reisen – noch dazu allein – überstehen, war
mir lange ein Rätsel. Anna-Maria zum Beispiel – eine Freundin und
Mitbegründerin von 4Pigeons – ist ständig unterwegs. Von Barcelona
nach New York, Paris und zurück. Schlafkissen in der einen, MacBook
Air in der anderen Hand, bewegt sie sich auf Flughäfen sicherer als in
mancher Einkaufspassage. WhatsApp, Facetime und Snapchat machen
die oft langen Wartezeiten erträglich, doch statt zu sich zu kommen,
kehrt Anna-Maria immer öfter mit dem Gefühl zurück, etwas verloren
zu haben. Manchmal vermisst sie ihren Personalausweis oder Reisepass, manchmal auch das Gefühl von Befriedigung und Freude – denn
beides kann man auf Dauer nur schwer mit jemandem teilen, der für lan
ge Zeiten nur in Form von Pixeln hinter einer iPhone-Scheibe verfügbar
ist. Und doch, erwachsen werden kann man nur in Bewegung und auch
Inspiration wartet nicht unter dem Kopfkissen im Elternhaus. Designerin und Modeikone Diane Vreeland hat gesagt: »Das Auge muss reisen.«
Ihre Arbeit begann am Morgen mit dem Öffnen ihrer Augen und en-
dete erst, wenn sie sie am Abend beim Zu-Bett-Gehen wieder schloss.
Diane ist ein weiteres großes Vorbild für mich. Diese Frau war eine
Autodidaktin. Sie schrieb ihre eigenen Regeln und folgte während ihrer
Arbeit für Harper's Bazaar und Vogue nur einer Stimme: ihrer eigenen.
Und genau wie sie weiß auch ich, dass meine Arbeit beginnt, wenn ich

morgens meine Augen aufschlage, und erst dann endet, wenn ich sie zum schlafen wieder schließe. Alles dazwischen ist ein Austausch mit meiner Umgebung, bei dem ich jede nur mögliche Inspiration in kleinen Ordnern in meinem Kopf abspeichere.

Doch Reisen sind heute mehr als nur Selbst- und Inspirationsfindung. Es geht um Marketing und um die Möglichkeit, die Marke, also sich selbst, zu verbreiten. Reisen bedeutet: Content generieren und alle Möglichkeiten des Sponsorings auskosten. Vom Koffer bis zum Hotel kann einem Blogger für Travel Diaries alles zur Verfügung gestellt werden. Jede Marke möchte sich international etablieren, global wahrgenommen werden und vor allem Teil des Lebens reisefreudiger Menschen werden. Oft auf Reisen gehen zu können, ist in der Blogger-Szene gleichbedeutend mit:»Mein Blog hat finanziellen Erfolg.« Die Stempel in Deinem Reisepass und Deine Travel Diaries bestimmen Deinen Status. Statt »Liebe Grüße« steht am Ende unserer Mails »On the run«, um allen klarzumachen, dass wir mal wieder in Eile sind und uns von einem Ort zum anderen beamen. Viele Reisen lassen internationale Kontakte und Kunden vermuten. Stylische Hotels, eine teure Garderobe und außergewöhnliche Erlebnisse bringen die Follower dazu, Fragen und Statements zu formulieren wie:»Wow, wie macht sie das?« und »Da wäre ich jetzt auch gern!« Reisen steigert nicht nur die Zahl der Follower, sondern gibt diesen auch das Gefühl, einer»interessanten« Person zu folgen, die sie zu Orten führt, die für sie selbst unerreichbar scheinen. Die Königin der Reise-Inszenierung ist Chiara Ferragni von »The Blonde Salad« – sie hat ihren Fuß in glitzernden Slippern aus der eigenen Schuhkollektion gefühlt schon auf jeden Zentimeter dieses Planeten gesetzt. Aber ich würde lügen, wenn ich nicht zugeben würde, dass ich sie beneide. Nicht um ihr Haus in L.A. oder ihren riesigen Kleiderschrank, sondern um den größten Luxus von allen: das Reisen. Denn Reisen macht süchtig. Doch bei der ganzen Faszination vergessen viele: Reisen sind für Blogger nicht nur Genuss. Sie sind knallharte Arbeit! Alles will dokumentiert werden: jedes Mittagessen, jedes Restaurant, jedes neue Kleidungsstück und natürlich die Kooperationen, die sich auf diesen Reisen weiterentwickeln. Du stellst Dein Leben in den Dienst der Sache. Wo andere ihre Freiheit besonders genießen, musst Du zusehen, was Du daraus für Deinen Job ziehen kannst.

Und natürlich reist der Markt mit. Louis Vuitton hat sich mit dem interaktiven Guide »The Art of Packing« unentbehrlich für den Reiseliebhaber gemacht: **Wie rollt man seine Shirts und wie faltet man seine Unterhosen? Bei Stringtangas wird es dann tricky und ganz unverzichtbar, das Raumökonomie-ABC des Reisegepäcks zu beherrschen!** In Form von Videos und Fotostrecken wird das »Wie packe ich meinen Koffer?« so zur Styling-Lektion. Und schon wird die Traumreise von den Social-Media-Girls mit einer Reiseausstattung von Louis Vuitton assoziiert. Luxus? Das ist das Zauberwort, um für eine Reise auf Instagram Likes zu kassieren!

Ich gestehe, die Bedeutung des Selbstporträts für die Reisedokumentation erst spät erkannt zu haben. Schade, hätte sich doch in Paris, Mailand und New York genug Material angehäuft. Aber das Handy in einer neuen Stadt zu zücken, war für mich lange ein Tabu – ähnlich wie beim Dinner mit Freunden und Kollegen oder beim Blutabnehmen. Noch bis vor Kurzem wurden das Selfie am Airport und das Outfit-Bild kurz vor dem Museumsrundgang bei mir durch den Gedanken verhindert: Oh Gott, alle gucken mich an, ich stehe komisch da – und wofür das alles? Ich sah wenig Sinn darin, statt fremdartiger Mülltonnen in Paris, schwarzer Gospelsänger in New York oder schriller Punks in London mich selbst zu fotografieren. Natürlich gehören solche Fotos auch zu den Reiseeindrücken für Instagram (okay, vielleicht nicht die Mülltonnen). Doch die Follower wollen sehen, welche Garderobe welchen Trip begleitet und ob man wirklich ein Auge für die begehrten Hotspots in der Ferne hat. Man ist ja immerhin die beste Freundin und sollte ohne Aufforderung alles teilen, was der Tag so mit sich bringt. Du bist nicht berühmt und es campieren keine Papparazzi-Schwärme in Deiner Hotellobby, und doch wird erwartet, dass Du Dich dem öffentlichen Leben schutzlos auslieferst. Poser wie Justin Bieber sind out, aber Exhibitionisten mit den richtigen Maßen und dem angesagten Stil in.

ES KOMMT
NICHT DARAUF
AN, WER DU BIST,
SONDERN WER
DU SEIN WILLST.

Das erfolgreichste Buch
der Welt von PAUL ARDEN.

PHAIDON

DIE HASHTAGS #ANOUKGOES-TO**BERLIN** UND #ANOUKGOES-TO**PARIS**

gingen 2013 das erste Mal online.

Blogger Rule Number 6

GEH RAUS UND SCHON
SIEHT ALLES ANDERS AUS. REISE!

Den Geruch des Hamburger Airports mag ich besonders – es duftet immer nach großer weiter Welt. So schwebte ich mehr als dass ich ging in Richtung Gate und zum Flieger nach Paris: Das Flugticket in der einen, den Griff meines silbernen Rimowa-Koffers in der anderen Hand. Ihn zu packen ist jedes Mal ein Problem: **Er ist einfach immer zu klein – nämlich kleiner als der Kleiderschrank!** Was also tun? Eine Liste machen, ihr vertrauen und hoffen, dass die Verschlüsse halten.

Nicht zu wissen, was mich nach der Landung erwarten würde, war aufregend, zugleich machte es mir Angst. In Paris empfingen mich Minusgrade und ich war dankbar für meinen gefütterten Mantel. Übrigens: Auch

FÜR PARIS
PACKTE ICH EIN:

1 Kaschmir-Pulli
(der zu allem passt)

2 Jeans

2 Blazer

2 Abendkleider

1 Lieblingsmantel

1 Designertasche

1 auffälliger Hut

2 große Sonnenbrillen

1 Kamera

1 Notebook

1 iPad

1 Travelguide

wenn der Normcore-Trend ganz nach dem Motto »Weniger ist mehr« schon seit längerem Einzug in die Modemetropolen dieser Welt gehalten hat, werden noch häufig »Paradiesvögel« auf den Fashion Weeks gesichtet. Ich selbst fühle mich neben solch buntem Gefieder meist wie ein unscheinbarer Schatten, der dem Schwarm in Schwarz, Grau und Marineblau hinterherzieht. Trotzdem ist es wichtig, auf den Modewochen und während der Shows erkannt oder zumindest bemerkt zu werden. Solange Du nicht so bekannt bist wie zum Beispiel die Stylistin Emmanuelle Alt, die gerade wegen ihres schlichten Looks von Streetstyle-Fotografen geliebt wird, ist die Gefahr groß, in der Masse unterzugehen. Es dauerte

The art of packing.

seine Zeit, bis ich mich und meinen klassischen Stil durchgängig akzeptierte. Aber treffe ich mit meiner Nostalgie, mit meinem gern auch mal vom Gestern inspirierten Stil – der für das ungeschulte Auge manchmal nach nichts aussehen mag und dabei doch hochwertig und wohl überlegt ist – nicht den Zeitgeist? Auch wenn die Mode glaubt, nur durch Innovation und futuristische Klänge voranzukommen: Können wir uns überhaupt jede Saison neu erfinden? Wenn sogar das legendäre Kreativduo M/M Paris dem Interview Magazine anvertraut, dass es so schwer sei, heute noch Bilder zu schaffen, die man nicht schon zuhauf gesehen hat. **Wir konsumieren in gefühlter Lichtgeschwindigkeit, können mit einem Klick auf den »OK«-Button Bomben platzen lassen und glauben immer noch, dass Tradition, Nachhaltigkeit und Langlebigkeit Themen für unsere Eltern sind.** Kürzlich fand eine Studie heraus, dass Jugendliche zu neunundneunzig Prozent nicht an ökologischer Mode interessiert sind und finden, dass nachhaltige Mode etwas für in die Jahre gekommene Hippies sei. Trotz erschreckender Dokumentationen wird lieber bei billigen Fast-Fashion-Ketten geshoppt als bei Öko-Labels. Dabei sind große Designer wie Stella McCartney doch schon lange ein Vorbild für ein ökologisches, tierfreundliches Bewusstsein, indem sie innovative Materialien und niemals Leder verwenden. Und auch Labels wie Marc O'Polo setzen auf dieses Bewusstsein, in der Hoffnung, nicht nur einem Trend zu folgen, der von der Presse positiv bewertet wird, sondern ein Zeichen zu setzen und dem Kunden umweltbewusste Werte zu vermitteln.

YOU

MUST

CREATE

PARIS, PARIS, PARIS!

———

Ein Taxi brachte mich vom Flughafen Charles de Gaulle ins Hotel. Nach einem Schuhwechsel – in Paris werden die Absätze höher und die Kleider dünner – fuhr ich zu Kathrin ins Restaurant L'Avenue. Ein Bild von Kate Moss, wie sie gerade in einem grauen Fellmantel dieses Restaurant verlässt, hatte sich mir schon ins Gedächtnis gebrannt. Hier trug jeder Gast eine Handvoll High-Fashion-Labels zur Schau und ich machte mir einen Spaß daraus, sie alle genau zu beobachten und jedes Designer-Piece zu identifizieren. Eine gute Übung. Reminder:

Kenne die Namen der Szene – Designer, Stylisten, Fotografen, Models – und ihre Inspirationsquellen! Dein Wissen und Deine Kontakte sind Dein Kapital!

Ich legte die Liste mit den Tagesabläufen für die nächste Woche neben die frisch servierte Schokomousse auf den Tisch. Der Appetit war mir in Dauergegenwart von Size Zero allerdings vergangen. Unsicher stocherte ich in meinem Dessert herum. Ich fühlte mich fremd, fehl am Platz. Dies hier war (noch) nicht meine Welt.

Der nächste Tag stand ganz im Zeichen der Chanel-Show. Ich hatte den mutigen Versuch unternommen, mit der U-Bahn vom Hotel zur Show-Location zu gelangen. Mühsam, aber erfolgreich! Leider kam ich reichlich spät am Eingang an. Dreißig Minuten bei Minustemperaturen fühlen sich dünn bekleidet (den warmen, aber nicht besonders kleidsamen Mantel hatte ich im Hotel gelassen) selbst unter regelmäßigen Adrenalinschüben wie eine halbe Ewigkeit an. Nachdem das Klicken der vielen hohen Absätze auf dem Straßenpflaster verklungen war, schlüpfte ich als Letzte durch den Eingang in Richtung meines Sitzplatzes und genoss die Show. Ein Spektakel, ein Kunststück und ein großer Zirkus drum herum. Für ganze zwei Stunden verschwanden alle schweren Gedanken im Parfümnebel der High Society von Paris. Frauen in Haute Couture, bekannte Gesichter der Fashion Industry, Manager und Models schoben sich abwechselnd vor meine Kamera. In einem grünen Mantel und roten Lackstiefeln von Marni stand ich da, staunend – und dachte an meine Outfitbilder aus den letzten Jahren zurück, bei denen ich mich heute nur noch fragte: Was hast du dir dabei bloß gedacht!? Schnell und mit sicherem Gespür für die rettende Schublade verbuchte ich diese Jugendsünden unter »Geschmacksbildungsprozess«.

Die Marken Chanel und Karl Lagerfeld sind über die Jahre zu einer Einheit verschmolzen – Coco Chanel wäre stolz gewesen. Die Models auf dem Laufsteg trugen grauen Tweed und schwarze Overknee-Boots aus Leder, schwarze Latex-Strümpfe und schwere Ketten – ein moderner, gut kalkulierter Bruch mit der Tradition des Hauses. Es ist der Grunge, der Punk in uns, von dem Karl sich inspirieren lässt. Die Musik, zu deren Beats die Models an diesem Nachmittag liefen, nahm ich kaum wahr. Der Rhythmus, der mir in Erinnerung geblieben ist, ist der meines klopfenden Herzens.

Was Sie nicht im Kleiderschrank
einer Pariserin finden werden:
Bling-Bling-Jeans
mit Stickereien und Löchern.
Sie gehören nach Bollywood.

(aus dem Buch How to be Parisian)

PARIS

Wie lange fiebert man einer Show entgegen und dann ist sie, wie so viele wunderbare Momente, viel zu schnell wieder vorbei. Und der Alltag ruft ... Die Arbeit, die hinter einer guten Modenschau steckt, ist für das Publikum ganz und gar unbegreiflich. Selbst diejenigen, die die Abläufe kennen, vergessen in dem Moment, in dem sie ihre Sitzkarte beiseiteschieben und die Lichter angehen, wie es backstage aussieht. Da ist wenig Glamour zu finden: Die Models haben Pickel und der Fußboden ist verdreckt – doch gerade dieser Kontrast hat seinen ganz eigenen Reiz. Wir wissen, dass uns etwas vorgegaukelt wird, dass das, was wir sehen, wenig mit der Realität zu tun hat und es unter all den Schichten von Make-up und Puder alles andere als perfekt aussieht. Und doch lassen wir uns immer wieder gern verzaubern, in dem naiven Wunsch, makellose Schönheit zu erleben. Apropos Verzauberung: Die trifft Dich manchmal anders, als Du denkst. Nach der Show schlängelte ich mich durch die Massen, an Fotografen und Schnappschussjägern vorbei in Richtung Ausgang, den Blick auf mein Handydisplay gerichtet. Und wumms! – rannte ich gegen ein durchtrainiertes Sixpack. Schon wollte ich ein sehr deutsches »Passen Sie doch auf!« hervorstoßen, da sah ich in das Gesicht von Baptiste, der Muse von Karl Lagerfeld, wie es auf mich herabgrinste. Der Mund wie immer zu einem schiefen Lächeln verzerrt, die Augenbraue arrogant gen Himmel gereckt, die Haare ölig-perfekt. »Bonjour ça va?« Mein Französisch bestand aus genau drei Notfallsätzen und »Voulez-vous coucher avec moi?«. Baptiste musterte mich durch seine helle Sonnenbrille, schob sie sich hinauf in die Haare und sagte nur: »Nice coat. I like women with colour!« Dann verschwand er auch schon wieder zusammen mit der obligatorischen langbeinigen Blondine

Paris gehört den Frühaufstehern.

Musik is going to make everything o.k.

im Gewimmel. Bei diesem einen Celebrity-Crash sollte es allerdings nicht bleiben. Ich blieb noch einen Moment wie gebannt stehen, dann richtete ich meine Aufmerksamkeit wieder auf den wandernden Punkt auf Google Maps, der angeblich etwas mit mir zu tun hatte und mich zur nächsten U-Bahn-Station führen sollte. Doch nach der Odyssee auf dem Hinweg fühlte ich mich jetzt außer Stande, mich dem »wandering point« und den öffentlichen Verkehrsmitteln noch einmal anzuvertrauen. So stand ich verloren auf den Champs-Élysées, die Kamera noch in den unbehandschuhten Händen, und fror. Schon wieder. **Das Problem? Von allen Seiten rasten Taxis mit leuchtenden Schildern an mir vorbei – aber keines hielt an. Mit der Bahn zu fahren, hätte mich Stunden gekostet und genauso ausgeprägt wie meine Links-Rechts-Schwäche ist leider auch meine Orientierungslosigkeit.**

Wie im Backstagebereich der Show war auch hier draußen in der Kälte von Glamour nicht mehr viel übrig. Mit ausgestrecktem Arm stand ich auf den Champs-Elysees, wo ich niemanden kannte, und wusste nicht wohin. **Ich wählte die Nummer meiner Mutter. Als sie abnahm, schrie ich drauflos: »Ich finde kein Taxi! Ich finde einfach kein Taxi! Wie bekomme ich ein Taxi? Bitte ruf mir ein Taxi! Mama, verdammt, hilf mir!«** Meine Mutter stotterte, wie sie mir denn von Hamburg aus ein Taxi bestellen sollte, an einen Ort, den sie nicht kannte, und ohne ein Wort Französisch zu sprechen. Doch dann sagte sie: »Ich google jetzt eine Taxizentrale, warte!« In der Kälte auf dem Bordstein zu stehen, verloren in der Anonymität von Paris, war nichts weiter als die Rückkehr in die Realität.

Ich weiß noch, wie ich mit vierzehn, nachdem zwei Wochen lang kein Artikel mehr über mich erschienen und keine Anfrage im Mail-Ordner gelandet war, zu meinem Vater sagte: »Papa, ich glaube, ich befinde mich im Presseloch!« Erst lachte er laut auf, doch dann wurde er ernst. »Du bist vierzehn Jahre alt. An so etwas darfst du doch noch gar nicht denken«, sagte er. Mehr zu sich selbst als zu mir. Einige Stunden später hörte ich ihn in der Küche zu meiner Mutter sagen: »Vielleicht sollten wir ihr das Bloggen verbieten?« Meine Mutter antwortete leise: »Wir haben ihr noch nie etwas verboten, wieso jetzt damit anfangen?« Die Projekte gingen damals weiter und ich versuchte, auch meinen Eltern zuliebe, alles ein bisschen weniger ernst zu nehmen.

Blogger Rule Number 7

HALTE DURCH!
DURSTSTRECKEN SIND UNVERMEIDLICH.

Fashion Week heißt Dauerstress und fühlt sich eher an wie ein schweißtreibender Staffellauf als ein entspanntes Klassentreffen – was es bei all den bekannten Gesichtern doch eigentlich sein sollte.

Zwei Stunden später. Bei der auf meine zerknitterte to-do-Liste gekritzelten Adresse angekommen, öffnete ich die Taxitür und stieg aus. Da präsentierten sich mir ein akkurat geschnittener Bob, hohe Lederboots und ein grau melierter Pencil Skirt, unter dem eine hauchdünne – und trotzdem laufmaschenfreie – Strumpfhose hervorblitzte. Anna! Anna Who? Anna Wintour! Ich traute mich kaum zu atmen. Das ist es, was die Medien mit uns machen: Ich hatte so viel über die als eiskalt verschriene, alleinherrschende Königin der Mode gelesen, dass ich nun, in der überraschenden Gegenwart dieser Legende, selbst zu Eis erstarrte.

Erst als sie schon um die nächste Ecke zu biegen drohte, kam wieder Leben in mich. Und ich tat was? Ich rannte. Ihr hinterher. In meinem Leben war ich schon vieles gewesen. Paparazzo – als ich für Petra Teufel Streetstyle-Looks fotografierte –, Kolumnistin, Kritikerin, errötender Fan und Groupie. Dies aber war meine erste Erfahrung als Stalkerin. Ich folgte Anna Wintour tatsächlich ganze zehn Minuten durch Paris, bis sie in ihrem Hotel verschwand. Dann machte ich mich auf zur nächsten Show.

Bereits mehr als einmal habe ich bei einem Städtetrip überlegt, mich als Streetstyle-Fotografin für die Grazia auszugeben. Leute zu fotografieren, deren Looks mich inspirieren, und zu erfahren, woher ihre Schuhe oder ihre tolle Tasche stammen – sofern man es nicht ohnehin schon von weitem erkennt –, ja, das wäre schön. Schon verrückt, das wir Modemädchen immer wissen wollen, woher ein Teil ist und wie viel es kostet, auch wenn wir vorher bereits wissen, dass wir es uns sicher nicht werden leisten können. Aber: Keep on dreaming! Deswegen stapeln sich auf meinem Laptop Moodboard-Ordner und auch mein Kopf ist ein einziger Tumblr-Stream. Mein Tumblr sagt einiges über mich aus, manchmal sogar schon zu viel. Vor allem, dass mein Stil sich nicht großartig von dem angesagten Normcore-Trend abhebt. Besonders ist mein Stil aber für mein Alter. Ich begeistere mich nicht für knallige Farben, sondern trage gern Beige oder von Kopf bis Fuß Schwarz. **Ich liebe den Satz des Autobauers Henry Ford, der es auch nicht gern bunt hatte: »Meine Kunden können ihren Wagen in jeder Farbe haben – solange es Schwarz ist!«** Ich versuche, einige gute Stücke gekonnt zu kombinieren, aber ich probiere mich nicht mehr pausenlos aus. Schon mit dreizehn hatte ich einiges übrig für eine Garderobe, die ich auch noch mit achtzig würde tragen können. Zeitlos, edel, teuer, schlicht. Natürlich kann man auf die Garderobe auch das Benjamin-Button-Prinzip anwenden und mit sechzig plötzlich anfangen, kindliche Neonfarben und Comme-des-Garçons-Shirts zu tragen – aber das wird mir wohl eher nicht passieren. Mein Vorbild ist, vor allem in Paris, die Louis-Vuitton-Frau: glamourös, intellektuell und, nun ja, wohlhabend. Was für mich so viel heißt wie: extrem gepflegt. Perfekt gemachte Haare, Maniküre und Accessoires. **Ob mein Hang zur Perfektion etwas Gutes ist, weiß ich nicht. Bin ich deswegen eitel? Nein. Das kann man auch ohne Perfektionismus sein. Bin ich eine Detail-Diktatorin? Ja.**

Klasse ist für mich, genau wie das Talent, Begehrlichkeit zu wecken, nichts, was man sich mal eben so zulegen kann. Mit keinem Geld der Welt kann man sich Eleganz kaufen. Von den genetischen Voraussetzungen einmal abgesehen, erwirbt man sie sich durch Einflüsse, Erfahrungen und Entscheidungen – wie eine Lebenseinstellung. Ich war im frühen Kindesalter einige Jahre beim Ballett – bei John Neumeier. Die Sechs- oder Siebenjährigen wählte man noch nach etwas milderen Kriterien aus – wie Beweglichkeit und Talent. Aber mit jedem Jahr wurden das Training und die Auslese härter. Ich hätte, nachdem ich immer wieder in die nächste Klasse aufgenommen wurde, wohl noch einige Jahre weitermachen können. Aus erst einem, dann zwei und schließlich drei langen Nachmittagen wären dann vier oder fünf Tage geworden, die ich in Ballettschuhen verbracht hätte. Und dann? Die ältere Schwester einer Freundin, die mit mir bei Neumeier war, hatte alle Hoffnungen auf eine Karriere als Primaballerina gelegt. Sie hatte kaum noch Zeit für die Schule und verbrachte keine freie Minute mehr mit Freunden, bis es eines Tages hieß: nicht gut genug. Nicht gut genug für das nächste Jahr. So musste sie aufhören und hatte, außer zu tanzen, nichts getan. Meine Eltern hatten dieses Beispiel vor Augen, als sie entschieden, es sei genug. Den richtigen Zeitpunkt zum Aufhören zu finden, ist nicht immer leicht. Im Nachhinein gesehen, hat mir das Ballett viel gebracht: Ich bewege mich anders seit diesem Training, bin auf eine andere Art in meinem Körper zu Hause, habe früh strenge Disziplin kennengelernt und ein Gefühl für Schönheit und Eleganz gewonnen. Karl Lagerfeld hat gesagt: »Trendy is the last stage before tacky.« Und wieder einmal hat er recht! Understatement ist das beste Key-Piece einer eleganten Frau – und Eleganz fordert Paris wie keine zweite Stadt ein.

An meinem zweiten Tag in Paris – und etliche Taxi-Rechnungen später – saß ich vor und nach den Shows oft im Café de Flore. Journalisten, Stylisten und einige befreundete Einkäufer teilten sich die anderen Tische, kamen und gingen – ein Schaulaufen abseits der Schauen, das ich beinahe mehr genoss als das Lesen der neuen Vogue. Wie schön es wäre, wenn das Porter-Magazine-Verfahren auch schon im echten Leben anwendbar wäre: Die Handy-Kamera einfach auf die schönen Kleidungsstücke um sich herum halten und sofort wird man zu einem Onlineshop weitergeleitet. Vielleicht werden die Konzerne das Einkaufen ja bald so gestalten. Das Porter Magazine, Teil des Onlineshops Net-A-Porter, eröffnete mit der »Sehen-fotografieren-kaufen«-Funktion eine neue Ära des Shoppens. Das Layout der Seiten in Kombination mit dem Online-Sale – herrlich futuristisch. Da sehe ich sofort in zehn oder weniger Jahren die Autos fliegen wie in *Das fünfte Element*. Na ja, vielleicht lässt sich der technische Fortschritt aber auch noch etwas länger Zeit.

An einem Donnerstag kam ich schließlich zurück nach Hamburg. Ich landete um acht Uhr morgens und fuhr mit dem Koffer in der einen und meinen Notizen in der anderen Hand zu meinem Gymnasium. Um Punkt zwölf betrat ich die Aula, im Gepäck noch einen Hauch der Pariser Luft und im Gesicht einen Touch von meinem Fashion-Week-Make-up. Meine Mitschüler saßen bereits jeweils jeder allein an einem kleinen Tisch und warteten. Es war Zeit für unser Abitur. **Ich hatte zwei Dinge: einen Traum für danach und einen Spickzettel für sofort.**

UNDERSTATEMENT
IST DAS BESTE
KEY-PIECE EINER
ELEGANTEN FRAU …

FASHION WEEK HEISST DAUERSTRESS UND FÜHLT SICH EHER AN WIE EIN SCHWEISS-TREIBENDER STAFFELLAUF...

Manchmal braucht man ein starkes Foto von sich,
um sich stark zu fühlen.

Ich bin froh,

dass ich meinen Stil noch nicht gefunden habe,

ich würde mich zu Tode langweilen.

(Edgar Degas)

10 Dinge,
die ich in Paris gelernt habe

1.

Kanye West lässt in jedem Restaurant, in dem er essen geht, seine eigene Musik spielen. Das weiß ich, seit ich im L'Avenue gemeinsam mit einigen anderen Blogger-Kollegen neben ihm saß.

2.

Viele bekannte Fashion-Blogger erhalten keine Einladungen zu den großen Shows. Trotzdem suchen sie die Locations auf, an denen die Shows stattfinden – nur um einige Streetstyle-Fotos von sich zu bekommen. Das weiß ich – ja, woher? Natürlich, einmal mehr, aus eigener Erfahrung: Weil ich aus dem gleichen Grund und ebenfalls ohne Eintrittskarte schon an der gleichen Stelle stand. **Kleiner Tipp:** Versucht es doch mal mit einem Flirt mit dem Türsteher der Show!

3.

Im Restaurant Derrière sollte man besser nicht in den Betten, die dort die Stühle ersetzen, einschlafen. Es kann sonst passieren, dass man die schmackhaften Kartoffeln und den Lachs mit Dill nicht nur im Magen hat, sondern sie auch auf seinem Prada-Mantel wiederfindet.

4.

Kendall Jenner und viele andere Celebrities sprechen mit niemandem. Eine Ausnahme ist das Model Gigi, sie ist immer freundlich und macht auch gern mal einen Schnappschuss mit ihren Fans.

5.

Fast kein Blogger auf der Fashion Week trägt eigene Klamotten, sondern sie müssen ihre Kleidung nach der Modewoche – schweren Herzens – wieder zurückbringen. Auch dieses Spiel habe ich schon oft genug mitgespielt. Das ist schon ein wenig wie ein Leben auf Pump: geliehene Kleider, geliehenes Image, geliehene Identität?

6.

Fotograf Tommy Ton ist ein echter Flitzer. Auch wenn die Fashionistas mehr als gern für ihn stehen bleiben.

7.

Vor jeder Show Location tummeln sich etwa siebzig Prozent Asiaten, die das Geschehen mit bunten Kameras verfolgen. Klar, China ist der größte Markt und wird in der Modewelt immer wichtiger. Es geht hier ja schließlich immer noch um Wirtschaft und nicht nur um schöne Kleider.

8.

Emmanuelle Alt ist wirklich schwer zu fotografieren – auch sie kann schneller in einem Auto verschwinden, als wir ihren Namen sagen können. Emmanu… und weg ist sie.

9.

Die beste Möglichkeit, Blogger-Stars wie Garance Doré kennenzulernen, ist nicht, sie einfach anzusprechen. Denn das versucht ja jeder. Besser ist es, sie anzurempeln: »Oops, sorry, didn't see you! Wow, I love your shoes … « Und mit etwas Glück kommt es zu einem sehr netten Gespräch!

10.

»Ich warte auf jemanden« ist die beste Streetstyle-Pose. »Ich stehe nicht einfach nur hier, ich bin verabredet.« Soll sagen: Jemand anders erwartet etwas von mir, sonst wäre ich gar nicht hier! Und schon sind ein paar Streetstyle-Fotos entstanden, auf denen man wichtiger aussieht, als man eigentlich ist.

… zum Schluss noch ein Zitat von Karl Lagerfeld:
»Man muss das Geld zum Fenster rauswerfen,
damit es zur Tür wieder reinkommt.«

Und:

Streetstyle ist oft inspirierender als das,

was man in den Geschäften sieht …

Throwback to Milano.

LEARNING IS
DOING THE
RIGHT THING
WRONG

STUDIEREN ODER PROBIEREN?

———

Mein nächstes Fashion-Week-Ziel war – nach bestandenem Abitur, Paris
und Mailand – London. Das Hotel, in dem ich abstieg, war alt, aber dafür
billig – ich musste es aus eigener Tasche zahlen. Doch die Möglichkeiten und Verlockungen Londons warteten ja zum Glück nicht im Hotelbett auf mich, sondern auf den Straßen! London war wild und rockig und
erfüllte jedes Klischee als Hauptstadt des Punk. Ich tummelte mich in
dem Viertel Notting Hill und fühlte mich wie in meinem Lieblingsfilm
mit Hugh Grant und Julia Roberts. In London ist alles cool. Auch wenn
ich mich manchmal frage, woher dieses Wort eigentlich kommt. Klar,
aus dem Englischen, aber was hat es in der deutschen Sprache verloren?
Während meines ersten Aufenthalts in London war das Wort »cool« gerade angesagt, zwei Jahre später war es dann fast schon peinlich. Jetzt
wird es langsam wieder beliebt und findet zurück in die Kolumnen von
Harper's Bazaar, Grazia & Co. Cool waren in London die Take-away-
Läden und die Piraten-Boots von Vivienne Westwood, die ich damals
noch trug – quasi aus Ehrerbietung für Madame Westwood und ihren
Londoner Stil. Während meines Aufenthalts hörte ich die Beatles und
kritzelte in Cafés Gedichte in ein kleines Notizbuch, wenn es regnete.

An den ersten Tagen fuhr ich mit der Bahn zu den Locations der Shows.
An den Schaulustigen vorbei zwängte ich mich in Richtung Eingang
und beobachtete, wie ein bekanntes Gesicht nach dem anderen sich

den Fotografen zuwandte. Meine Mutter schrieb SMS wie: »Pass auf, die Autos kommen von der anderen Seite!« und »Komm nicht auf die Idee, dir die Haare lila zu färben. Und Tattoos kannst du auch vergessen!« Zwei Minuten später folgte: »Piercings kommen auch nicht infrage!!!« Ich antwortete mit einem knappen »Sure« und widmete mich wieder dem Konsum modischer Inspirationen. Wer in London keine Einladung zu den Shows hat, ist schlechter dran als in Paris. Da helfen kein noch so zuckersüßes Lächeln und auch keine Marni-Boots. Also beschloss ich, mich für einen Kurs am Central Saint Martins College of Art and Design anzumelden. **Das Central Saint Martins gilt als die beste Modeuniversität der Welt und stand auf meiner »to-be«-Liste, seit ich denken konnte.** Ein Kurs kostete siebenhundert Euro und nach einem Blick auf mein Konto und einem weiteren in mein Herz suchte ich eine der typisch britischen, roten Telefonzellen auf und rief meine Großeltern an. Ich argumentierte, als ginge es um mein Leben, und setzte alle Weihnachts- und Geburtstagsgeschenk-Boni zusammen ein. Doch davon wollten sie gar nichts wissen, von meinen Zielen und Wünschen dafür umso mehr, und schon am nächsten Tag saß ich zusammen mit vierzig anderen Teilnehmern an den langen Holztischen der Universität. Vor uns stand, ganz in Schwarz, eine junge Dozentin und begann den Unterricht zum Thema »Styling- und Modegeschichte« mit den Worten: »Look at your tables. You will find the signatures of Alexander McQueen and many others there. This is a place of history and I hope you are worth it.« Die folgenden Tage flogen nur so dahin. Obwohl ich so manch einer Show hinterhertrauerte, war ich froh, eine sinnvolle Beschäftigung für die mir verbleibende Zeit gefunden zu haben. In der Universität erstellten wir Collagen, besprachen die aktuellen Kollektionen und beschäftigten uns mit den Werdegängen unserer Lieblings-Designer. Der Wechsel in eine andere Sprache war eine Herausforderung für mich und ich freute mich über die Gruppe Spanier, die am zweiten Tag zu uns stieß. Denn Spanisch kommt mir, dank der vielen Jahre, die ich in Spanien verbracht habe, nicht Spanisch, sondern wie eine zweite Muttersprache vor. Für die letzten Tage waren eigene Shootings vorgesehen. Mit geliehenen Kameras bewaffnet, machten wir uns in Gruppen auf den Weg ins Zentrum und fotografierten einander in eigenen Styling-Kreationen. Es war schön, mal etwas zu tun, ohne die ganze Zeit den kommerziellen Hintergrund im Auge zu haben oder sich jeden Schritt von einem Editor diktieren zu lassen. Hier waren wir alle »Editors in Chief« und genossen die volle Entscheidungsgewalt. Am letzten Tag legten wir unseren Dozenten die Resultate vor. Meine Mutter wusste mittlerweile über mein Treiben Bescheid und schrieb nicht mehr vom Linksverkehr, sondern fragte, ob das Ganze denn tatsächlich etwas gebracht hätte. Und tatsächlich: In einer der letzten Stunden nahm mich unsere Dozentin beiseite. »Du möchtest hier studieren, habe ich gehört?« Ich nickte. »Sag Bescheid, wenn du so weit bist. Wir können dann über ein Stipendium für das erste Jahr sprechen.« **Sie ging zurück zur Gruppe und ich hatte endlich den Beweis, auf den ich gewartet hatte, um in der Welt der Mode weiterzumachen.**

LONDON

MONDAY

IS

A

BASIC

BITCH

Blogger Rule Number 8

SEI REALISTISCH!

GREIF AUCH NACH NAHEN STERNEN!

Wann weißt Du, ob Du für etwas geboren bist? Wenn Du nicht ohne es sein kannst. Wenn Du Dein letztes Hemd, Deinen letzten Cent dafür geben würdest. Wenn Du nicht verstehen kannst, wie andere darauf verzichten können. Dann ist es Dein Ding. Deine Passion und – etwas theatralisch gesagt – Deine Bestimmung. Schon mit neun konnte ich am Kiosk an den Tüten und Töpfen voller Süßigkeiten, aber nicht an dem Regal mit der Vogue vorbeigehen. Mit elf ging dann mein gesamtes Taschengeld für Magazine drauf und mit fünfzehn der gesamte Speicherplatz auf meinem Handy für style.com Videos. Bevor ich die ersten Jobs ergattern konnte, gehörte ich zu denen, die schon zu Beginn jedes Monats ihr gesamtes Geld für den »perfekten« Look ausgegeben hatten. Jeden Monat war ich von einer neuen Stilikone fasziniert und überzeugt, mir ihren Stil aneignen zu müssen.

Ein persönlicher Style und ein Mix aus Designer- und No-Name-Brands ist wunderbar, aber die Eintrittskarte in die Branche ist neben Talent, Energie, Zielstrebigkeit, Leidenschaft und Wissen eben auch eine Garderobe, die sich nicht jeder leisten kann. Das hat auch damit zu tun, ein gewisses Zugeständnis an die merkantile Seite der Mode zu machen. Individualität geht sicher auch ohne Geld; teure Stücke sind so gesehen oft weniger individuell, aber dafür drücken sie aus, dass man sich dem Konsum und der Wertschätzung der großen Labels nicht verschließt. Ich wusste von Anfang an, dass ich in die Welt der Mode gehörte, ohne Wenn und Aber, mit Markt und Marke. Nun fehlte nur noch der richtige Look, der das zum Ausdruck brachte. Und dafür brauchte ich Geld. Es war Zeit, tiefer ins Modebusiness einzusteigen.

Bloggen ist nicht genug für Dich?

In der Modewelt gibt es viele verschiedene Möglichkeiten, um Karriere zu machen. Du hast betriebswirtschaftliche Vorkenntnisse? Dann wäre die Arbeit als Human Ressource Manager, Sales Manager oder Produktmanager interessant für Dich. Deine Stärke liegt im geschrie benen Wort und Du kannst Dich am Kiosk nur schwer entscheiden, wie viele Magazine Du mitnehmen sollst? Dann wäre Modejournalist eine gute Idee! Du entwirfst gern neue Projekte, setzt diese im Team um und kannst gut Entscheidungen treffen? Ganz klar: Moderedakteur! Du hast ein Händchen für Kombinationen, Looks und kannst über Deinen persönlichen Stil hinweg Styles zusammenstellen, die zu einer bestimmten Vision und einem eigenen Thema passen? Wie wäre es dann mit dem Stylisten-Beruf? Das Schöne ist, dass sich hinter jedem dieser Berufe unzählig viele verschiedene Interpretationen und Definitionen verstecken. Abhängig davon, ob Du bei einem Magazin, einer Firma oder

Die Mode
ist eine
Wechseluniform.

(Hinrich)

Style- and
Soul-Searching.
Always.

einer Agentur landest, können Deine Aufgaben ganz unterschiedlich aussehen. Das Wort »Editor« – wie bei mir als Junior Editor bei Marc O'Polo – hält jeden Tag eine neue Überraschung parat. Als Editor muss ich Geschichten finden und erzählen können, muss das große Ganze, »The Big Picture«, sehen und ein Gefühl für Trends mitbringen. Ich bin der Spürhund der Branche und von mir wird oft verlangt, dass ich wie durch Magie eine neue »Hot Story« aus dem Hut zaubere. Ich muss Inspirationen finden und selbst eine sein. Mich anpassen wie ein Chamäleon und trotzdem aus der Masse hervorstechen – genau diese Gegensätze sind es, zwischen denen ein Editor balancieren muss. Und vor allem muss er eins: immer up to date sein! Ich darf schlafen, wenn ich meine Träume als Inspiration nutze, doch wer als Editor etwas verschläft, darf bald ganz im Bett bleiben. Mein Puls ist eine Achterbahn, in meinem Kopf fahren Rennfahrer um die Wette. Mit gefällt es so. Doch wie schon gesagt, muss jeder seinen eigenen Rhythmus finden. Kein Herz schlägt gleich – und auf sein Herz soll man ja bekanntlich hören!

Und psst – schau doch bei Gelegenheit mal bei diesen Personalberatungsagenturen im Bereich Mode vorbei:

www.ohms-consulting.de

www.km-management.de

www.schiefner-foeldessy.de

www.anthos-personalberatung.de

www.gerhard-schaefer.de

www.hornischer.de

HAPPY

TOGETHER

!

DER TRAUM VOM FLIEGEN:
DER NEUE BLOG »4PIGEONS«

—

»Tronje, lass uns gemeinsam einen Blog gründen!« Der Petra-Teufel-Blog war seit einigen Monaten Vergangenheit und ich saß mit einem Freund, dem Model und Künstler Tronje Thole van Ellen, im Café Leonar und zerbrach mir den Kopf über meine Zukunft als Bloggerin. Warum? Meinen Blog »Anouk on the brink« hatte ich, nachdem ich den Auftrag bekommen hatte, für Petra Teufel einen Blog zu starten, der nicht nur meine Handschrift tragen, sondern auch unter dem Namen »Anouk für Petra Teufel« laufen sollte, stillgelegt. Ich wollte keinen Spagat zwischen zwei Blogs machen, sondern alles in die neue Aufgabe stecken. Und meine innere Stimme hatte mir gesagt, dass Anouk nun lange genug »on the brink« – am Rand und auf dem Sprung – gewesen war. Ich war gesprungen und mitten in der Welt des Modebusiness angekommen. Vielleicht war mir das Rampenlicht zuletzt auch zu grell geworden und das Bloggen ohne Unterstützung durch ein Team zu kräftezehrend. In mir überschlugen sich Gedanken, Ideen und Vorstellungen. Aber jetzt, nachdem die Arbeit für Petra Teufel beendet und ich wieder »frei« war, wollte ich zurück auf eine eigene Plattform, zurück in die Blogosphäre, zurück zum Titel Bloggerin und wieder »fliegen« – doch diesmal nicht allein.

Bis vor Kurzem war meine Definition von Teamwork ganz einfach gewesen:»Teamwork heißt: Alle machen, was ich will!« Jetzt war Umdenken angesagt. Ich wollte zugleich mehr und weniger. Mehr Vielfalt, weniger Verantwortung. Ich wollte kein Eine-Frau-Büro mehr sein. **»Das Leben ist ein Keks – man muss nur reinbeißen.« Wollt Ihr meine Version von diesem Spruch hören? Für Blogger ist das Leben mehr als ein Keks. Es ist ein großer Kuchen! Will man sich nicht den Magen verderben, sollte man besser teilen.**

Wochenlange Diskussionen und Kaffeehaus-Meetings mit Tronje folgten. Wir beschlossen, dass noch mehr Verstärkung nötig sei, um unsere Ideen umzusetzen, und holten seine Freundin Anna-Maria Nemetz und den Fotografen Tino Crisó mit ins Boot, sprich ins Blog-Magazine. Jeder von uns brachte eine eigene Vision, einen eigenen Stil und eigene Talente mit: Tronje war durch seine Jobs als Model in Mailand, Paris und New York mit der Modeszene vertraut. Seine Leidenschaft gilt heute noch der Kunst und der Arbeit als Grafiker und Creative Director für viele unterschiedliche Projekte. Er zeichnet Freunde und Familie und bezieht mit seinen Bildern auch Position zu gesellschaftlich kritischen Themen. Aufrührend und mit einem scharfen Blick für soziale und politische Missstände in der Welt, ist seine Kunst auch eine Rebellion gegen den immer gleichen Trott und das Wegschauen, wenn es um problematische Entwicklungen oder tragische Ereignisse geht. Anna-Maria – »Annama«, wie wir sie liebevoll nennen – war wie ihr Freund schon über sämtliche Laufstege der Welt spaziert. Von Givenchy über Prada und Chanel hatte sie alle Marken zu Schau getragen. Sie erzählte oft von ihren Reisen mit bekannten Models und schickte uns Fotos aus dem Backstagebereich der Shows. Doch abseits der Fotoshootings und Catwalks gab es noch eine andere Anna-Maria: die Sängerin. Die Band, mit der sie zuletzt zusammen mit unseren Freunden Jan Ole Jönsson und Carl Jakob Haupt, Gründer des Blogs »Dandy Diary«, aufgetreten war, hieß B.O.X.E.R. und stand für weitere Gigs in den Startlöchern. Tino war ein aufstrebender Fotograf, der durch seinen Einsatz und seinen auf Minimalismus bedachten Blick perfekt zu uns passte. Es fühlte sich an, als könnten wir mit unserer gebündelten Kreativität die Bloggerszene im Sturm erobern. Ganz so einfach sollte es aber nicht werden.

Wir mieteten ein Studio in der Hamburger HafenCity und machten uns an die Arbeit. Die Idee: eine Factory à la Andy Warhol. Kreative sollte kommen und gehen und mit uns oder für sich arbeiten können, wie es ihnen beliebte. Es sollte ein Ort werden, an dem die verschiedensten Teams, Talente und Temperamente aufeinandertreffen konnten. Denn dort, wo unterschiedliche Kräfte sich begegnen, so unsere Überzeugung, entsteht neue kreative Energie – und genau die wollten wir als Team erzeugen.

Doch wo Energie entsteht, entsteht auch Reibung. Ein Team ist wie eine romantische Beziehung. Man bindet sich aneinander, gibt sich Versprechen, präsentiert sich mit seinen Partnern in der Öffentlichkeit, kritisiert sich, hält den anderen aus, in guten wie in schlechten Zeiten, und schwört sich Treue. Aber im Team wird auch betrogen, gelogen und sich getrennt. Manchmal ist die Bindung stark genug und man findet wieder zusammen – manchmal nicht. Eins ist sicher: In einem Team zu arbeiten, prägt und verändert den eigenen Charakter – für immer. Wie in einer Beziehung stellt man sich gemeinsam dem Rest der Welt entgegen und leuchtet heller als allein.

Wie findet man das richtige Team? Auf diese Frage weiß ich auch keine Antwort! Ob Du wenige Menschen kennst oder viele: Mal passt es und mal nicht. Ich kann Euch nur meine Geschichte erzählen. Natürlich erhöht die Zahl der Kontakte schon die Chance, darunter diejenigen zu finden, mit denen sich dieser Moment verschwörerischer Übereinkunft einstellt, und das ganz besondere Gefühl, zu einer Mannschaft zu gehören und ein gemeinsames Ziel zu haben.

ICH BEGRIFF, DASS MEIN GANZES LEBEN EIN EINZIGES GROSSES **PROJEKT** IST

und ich um dieses Wort nicht herumkommen werde, zumindest nicht bis ich ein wundervolles Synonym dafür gefunden habe.

All you have
to do is try ...

Tronje,
Anna-Maria
und ich

Blogger Rule Number 9

SEI MEHR ALS NUR DU!
HALTE NACH MITSTREITERN AUSSCHAU!

Bis der neue Blog gelauncht war und die »4Pigeons« flügge wurden, vergingen noch einige Monate. Unser Anspruch an die Gestaltung und die Inhalte – Fotostrecken, Themen und Interviews – war alles andere als klein und unsere Erfahrung mit der Zusammenarbeit als Vierer-Team steckte auch noch in den Kinderschuhen. Wir schlugen uns mit dem Konzept, der Gestaltung und dem Programmierer unserer Seite herum. Der Mietvertrag für das Studio lief aus und wir mieteten einen anderen Raum als Office und Fotostudio. Wir waren knapp bei Kasse – manche Auftraggeber lassen sich Zeit mit dem Begleichen der Rechnungen! – und hatten alle so viel zu tun, dass es nicht leicht war, angedachte Projekte umzusetzen und den Content vorzubereiten. Bis es eines Tages im Jahr 2013 endlich so weit war und die »4Pigeons« den Taubenschlag – unser Office – verließen und online gingen. Mit Illustrationen von uns allen, die Tronje gekonnt und liebevoll gezeichnet hatte, Anna-Marias Travel Diary, meinen Artikeln und Tinos Fotos.

Tipps für die Arbeit im Team

»—→ Eine klare Aufgabenteilung ist das A und O!

Zusammengeführt hat uns das gemeinsame Interesse an der Mode und von Vorteil war gleich, dass wir dazu ganz unterschiedliche Positionen einnehmen: Annama modelt, ist Sängerin und reist viel, Tronje konzentriert sich auf Illustration, Grafik und Design und mein Schwerpunkt sind die Styling-Jobs, Outfit-Posts und Fashion-Tipps. Tino hingegen deckte in der Startphase den Bereich Fotografie ab. So waren die Aufgaben von Anfang an klar verteilt. Wir waren alle schon einige Jahre in der Modewelt unterwegs und jeder hatte für sich seinen Platz gefunden. Das war anders, als ich mit »Anouk on the brink« loslegte. Damals steckte ich einige Freundinnen mit meinem Blog-Fieber an und schon bald machten sie vieles ähnlich wie ich und es kam zu Konkurrenzsituationen.

Darum mein Tipp:

Wenn Du mit Freundinnen oder Freunden eine Zusammenarbeit beginnst, klärt bereits am Anfang, wer wofür zuständig ist! Findet heraus, welche besonderen Talente jeder von Euch hat und welche Aufgaben Ihr zu übernehmen bereit seid:

- Wer schreibt und über was?
- Wer führt am besten Interviews?
- Wer ist für Looks und das Styling verantwortlich?

- Wer organisiert was: Models, Fotografen, Equipment, die Kleider und Accessoires, PKWs oder Kuriere, bei Fashion Weeks: die Akkreditierungen, Tickets und Übernachtungs-möglichkeiten usw.?
- Wer beantwortet die »Post«: Anfragen, Einladungen, Kommentare?
- Wer kommuniziert mit Auftraggebern, Werbepartnern und Kooperationspartnern?
- Wer schreibt Rechnungen und verwaltet die Finanzen?
- Wer macht die Pressearbeit?
- Wer kümmert sich um das Layout und die Gestaltung und wer um die Technik?

⧽⟶ Klärt die Schnittmengen!

Die sollte es natürlich auch geben: gemeinsame Vorlieben, ähnliches Know-how oder gleiche Schwerpunkte. Der Vorteil davon ist: Ihr könnt Euch leichter verständigen, wenn alle wissen, wovon sie reden. Doch da ein erfolgreicher Blog viele verschiedene Aufgaben bereithält, wäre es natürlich kein Vorteil, wenn jeder dasselbe machen möchte. Hingegen kann es ganz in Ordnung sein, sich Bereiche zu teilen. Bei »4Pigeons« ist es inzwischen so, dass wir alle in den Kategorien »Fashion«, »Culture«, »Lifestyle« und »Vibe« posten. Aber jeder von uns hat seine eigene Handschrift und wir sind als Team mittlerweile so eingespielt, dass unser Blog für diese besondere Form der Arbeitsteilung wie maß-geschneidert ist!

»——➤ Kommuniziert miteinander – aber nicht endlos!

Abstimmung ist wichtig und im Gespräch kommen einem oft die besten Ideen. Genauso wichtig sind aber gegenseitiges Vertrauen und die Wertschätzung der Arbeit der anderen. Auch wenn Deine Mitstreiter/innen etwas anders machen als Du, kann es trotzdem sehr gut sein!

»——➤ Sammelt Eure Kontakte!

Jeder kennt jemanden, den der andere nicht kennt, und das ist gut so. Vor allem, wenn diese Menge an Kontakten zusammengebracht werden kann. »Vitamin B« – so nennen wir Kontakte nicht nur in der Mode – ist das Kapital eines Bloggers. Auch wenn es mich erschreckt, wie oft allein Connections das Weiterkommen einzelner Blogger bestimmen, muss ich es doch akzeptieren. Mit drei Teammitgliedern hat »4Pigeons« so viele Kontakte wie eine mittelgroße Agentur und das Beste daran ist, dass viele unserer Kontakte auf Freundschaften basieren.

»——➤ Schreibt euch E-Mails und keine WhatsApp-Nachrichten!

Bei Teamwork ist erfolgreiche Kommunikation immer wieder ein großes Thema! **Mein Tipp:** Gerade wenn Dein Team aus Freunden besteht, solltet Ihr für den beruflichen Austausch auf E-Mails umsteigen. Raus aus den gemeinsamen WhatsApp-Gruppen, Facebook-Chats und SMS-Verläufen! Die könnt Ihr in Eurer Freizeit nutzen. Berufliche

Kommunikation braucht eine klare Abgrenzung zu der freundschaftlichen. Warum? Weil es sonst irgendwann verwirrend und schwammig wird. Grenzen sind wichtig für einen guten Überblick und organisiertes Arbeiten.

»—→ Für alles »Unangenehme« – holt Euch Profis!

Wenn es irgendwann so weit ist, dass erste Einnahmen über den Blog generiert werden und/oder eine Firmengründung ansteht, empfehle ich: Holt Euch einen externen Profi! Geldfragen können ein Team, egal, wie eng es zusammengewachsen ist, schnell belasten und auf Dauer auch dazu führen, dass sich Eure Wege trennen.

»—→ Habt gemeinsam Spaß abseits des Jobs!

Sei es in einem Unternehmen, einer Ehe, einer Familie oder einem Blog-Team: Wer viel zusammen Daily Business erledigt, sollte darauf achten, auch Zeit für gemeinsame Erlebnisse außerhalb des Jobs zu finden. Für Teams in Unternehmen gehören Teamevents und gemeinsame Abende bei einem Glas Wein schon länger zum guten Ton und sind quasi ein »Must-do« für die gute Zusammenarbeit. Und auch wer als Blog-Team überleben möchte, sollte nicht vergessen, dass schöne Momente abseits der Alltagsprobleme zu sammeln auch heißt, enger zusammenzuwachsen. Ehepaare brauchen eine Pause im Alltag und einen regelmäßigen Ausbruch aus der Routine und auch Familien sollten, so oft es geht, gemeinsame Freizeit planen. Denn das Entfremden geht schnell und ein

Wiederkennenlernen ist mühsam. Also: Verlasst Euer Office, geht zusammen weg und lasst den Business-Talk am Schreibtisch!

Love fiercely

(and don't forget to stop along the way to take photos)

WORK
HARD,
STAY
HUMBLE.

PENSUM ODER PARTY?

Während wir noch mitten in den Vorbereitungen für unseren gemeinsamen Blog »4Pigeons« steckten, bot mir die Modemarke Closed an, ihre Social-Media-Auftritte für sie zu betreuen.

Ein Tag davon ist mir besonders in Erinnerung geblieben: **»It's Toni Day«**, also der Tag, an dem Topmodel Toni Garrn, Freundin von Leonardo DiCaprio, uns im Showroom besuchen würde. Fotostudio, Büro, Designstudio und Showroom befinden sich bei Closed alle unter einem Dach. Große Glasfassaden, ein kleiner Garten in der Mitte des Gebäudes und in den Räumen unverputzte und gerade dadurch besonders stylische Wände – das ist Closed. In den Ecken stehen japanische Designfiguren aus New York, aber es gibt keine Kunst an den Wänden, sondern nur an den Kleiderstangen! Ich machte mich an die Arbeit und schrieb die ersten Mails an Teammitglieder in New York, L.A. und Paris, als hinter mir das Gewusel begann – Toni war auf dem Weg. Keine halbe Stunde später betrat eine einen Meter achtzig große Blondine die Eingangshalle. Jeanshosen in ihrer Größe lagen bereit, Gummibärchen und Catering ebenso. Ich bog meinen Oberkörper so weit nach vorn, wie ich konnte, und versuchte einen Blick auf das Model zu erhaschen, das mit einundzwanzig Jahren bereits eine beeindruckende Karriere hingelegt hatte und den Duft von Karl Lagerfeld, Anna Wintour und natürlich auch Leo förmlich mit zu uns ins Office trug. **Nur einen Schritt von**

Toni entfernt zu sein, fühlte sich so an, als wäre ich all denen, die mich in der Modewelt inspirierten, mit einem Mal einen großen Schritt nähergekommen. Meine Arbeitskollegin Laura saß unbeeindruckt neben mir, ihr Blick ruhig und unverwandt auf den Bildschirm gerichtet. Ich beobachtete sie und wartete auf ihre Reaktion auf den blonden Victoria's-Secret-Engel, der neben uns gerade aus seinen Leggings schlüpfte, um die Pedal-Star-Jeans anzuprobieren. Aber für Laura war Toni einfach das Mädchen von nebenan – und genau diese Aura des Unkomplizierten hat sie auch berühmt gemacht.

Da verzehrte man sich jahrelang danach, die Cover-Gesichter der Hochglanzmagazine in natura zu sehen, und wenn es dann so weit war, wartete und wartete man auf die Schmetterlinge im Bauch, auf den »Groupie-Effekt«, und war enttäuscht, weil er sich nicht einstellte. Es klingt wie eine Floskel und ist doch so wahr: Stars sind Leute wie Du und ich. Mit Haaren, die eine Kur gebrauchen können, mit kleinen Problemzonen und einem kritischen Blick auf sich selbst, wenn sie sich im Spiegel mustern und sagen: »In dieser Hose sieht mein Hintern riesig aus!« Denn ja, selbst ein Victoria's-Secret-Engel sieht nicht in jeder Jeans umwerfend aus. Lisa aus dem Designteam hatte viel zu tun, sie musste abstecken und umnähen, abstecken und umnähen, und guckte etwas verzweifelt, als es am Ende dennoch nicht so saß wie erhofft. Perfektion war wichtig, wenn Toni sich den Streetstyle-Fotografen auf den Fashion Weeks in der »Pedal Star« stellen würde. Nur zu gut erinnerte ich mich an die Belagerung der Backstage-Räume bei den Shows, die Papparazzi, die mit Händen und Füßen ihre Plätze verteidigten, und die Rufe, wenn ein

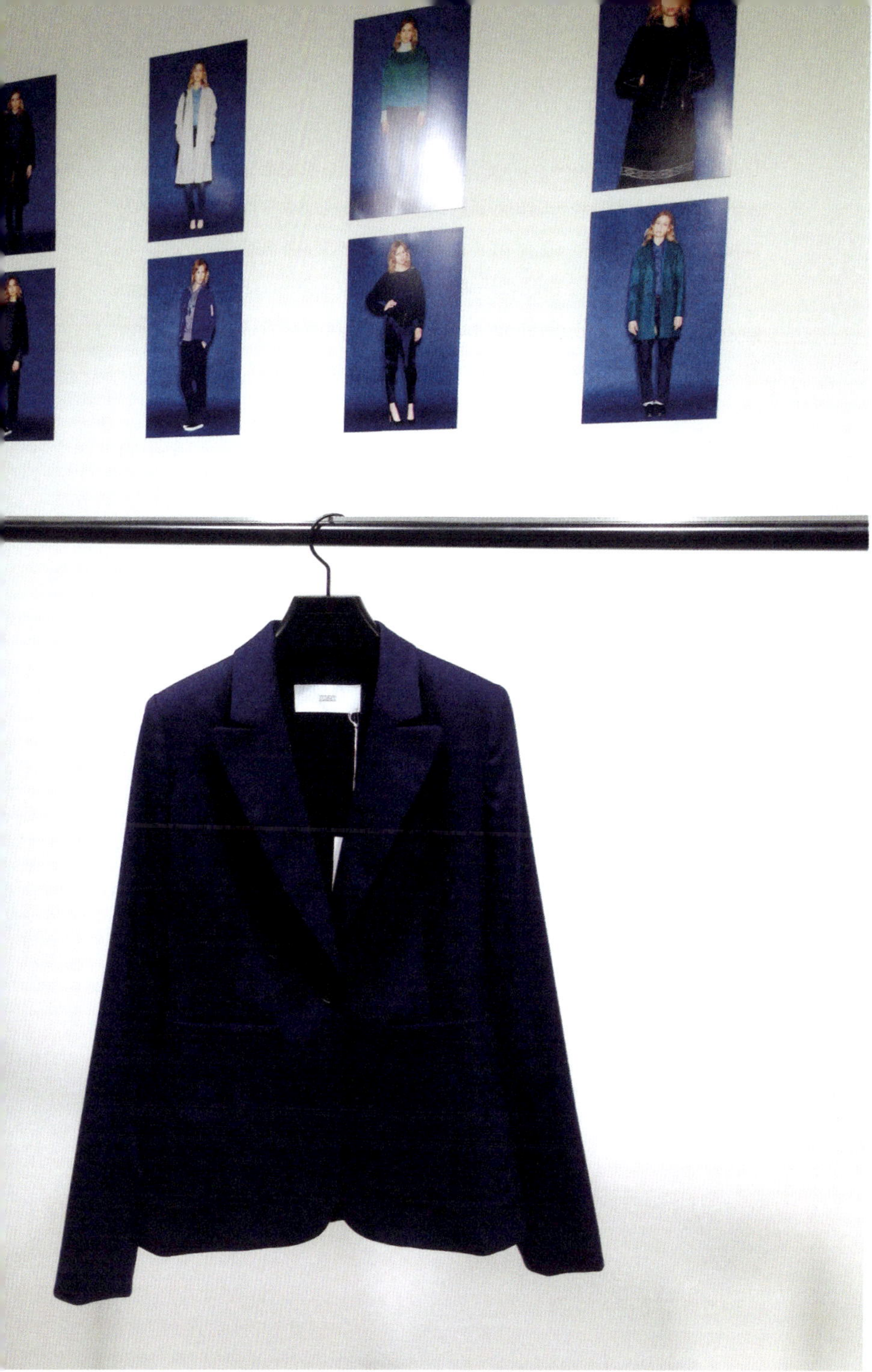

bekanntes Gesicht sich aus der ersten Reihe bei Chanel, Isabel Marant oder Stella McCartney erhob und zum Ausgang eilte. Diese Aufmerksamkeit würde dann auch Toni in den Closed-Jeans zuteilwerden – da war Perfektion das Mindeste! **Zwei Stunden später war Toni dann auch schon wieder auf dem Weg zum Flughafen. Ruhe kehrte ein. Die Gummibärchen waren für uns übriggeblieben.**

Wie schwer es ist, ein Label mittels Facebook, Instagram, Twitter, Tumblr und Pinterest professionell auf dem Markt zu positionieren, wie schwer es ist, es ins richtige Licht zu rücken und dabei die Handschrift der Marke beizubehalten – das alles ist den meisten Menschen nicht bewusst. Während dieser arbeitsreichen Zeit stellte sich mir zunehmend die Frage, ob ein Leben mit Karriere auf der einen und einem erfüllten Privat- und Liebesleben auf der anderen Seite möglich ist. In *Sex and the City* stellt sich Carrie in mehreren Episoden dieselbe Frage und kommt zu dem Ergebnis, dass – so traurig es auch ist – beides zu haben, ein Glücksfall, ja, eine echte Rarität sei. Leider drängt sich mir regelmäßig das Gefühl auf, dass sie recht hat: beim Brunch mit meinen Freundinnen, die gerade ein »Work-and-Travel«-Jahr, einige Monate in Marokko oder auch nur ein wildes Wochenende in Amsterdam hinter sich haben. Oder beim Dinner mit Freunden, die schon die nächste Party planen. Zum Glück habe ich viele dieser Feiern miterlebt, trotz eines Teammeetings am nächsten Morgen. Und doch fühlt es sich für mich anders an.

Meine Freundinnen und Freunde denken alle ähnlich: Karriere machen? Wäre schön. Party? Geht vor! Zielstrebigkeit, Hingabe an eine Aufgabe,

Disziplin und Selbstbeherrschung – das klingt nach altmodischen Tipps aus dem Verwandtenkreis, die man lieber überhören will, und doch sind diese Eigenschaften unverzichtbar für eine erfolgreiche Karriere.

Closed Office and the team.

CLOSED

Blogger Rule Number 10

SEI KRITISCH – MIT DIR SELBST UND ANDEREN!
UND DANN STEH ZU DEINEM STANDPUNKT.

Die Bälle in der Luft halten:

Tipps

zur Selbstverwaltung

und -motivation

»⟶ Definiere Dein Ziel – so genau wie möglich!

Leg einen Zeitpunkt fest, bis zu dem Du ein Vorhaben erledigt haben willst. Die Deadline sollte nicht zu nah und nicht zu fern in der Zukunft liegen. Sei realistisch, aber erlaub Dir auch zu träumen! Mal Dir aus, wie es sein wird, wenn Du Dein Ziel erreicht hast – in allen Farben!

»——→ Finde eine klare Struktur!

Was hast Du und was brauchst Du, um Deine Vorhaben umzusetzen und Dein Ziel zu erreichen? Wie passen die einzelnen Teile zusammen? Was kommt zuerst und was später? Was kann warten oder ist sogar überflüssig? Welches sind die nächsten kleinen Ziele, die Du erreichen möchtest? Plane die einzelnen Schritte: Was kannst Du tun und wann kannst Du es tun? Wer kann Dich dabei unterstützen?

»——→ Entwickle ein gutes Zeitmanagement!

Wie sieht Dein »Zeitkuchen« aus? Zeichne einen Kreis und unterteile ihn in »Tortenstücke«, die den Zeitfenstern entsprechen, die Du für verschiedene Tätigkeiten aufwendest. Was zeigt Dir das? In welchen Bereichen möchtest Du etwas verändern, also die Zeitkuchenstücke größer oder kleiner machen? Du kannst auch mehrere »Kuchen« zeichnen: einen, der alles berücksichtigt, was Du in einer Woche machst (Schule, Studium oder Job, Dein Blog, Familie, Freunde treffen, Sport, TV, lesen usw.). Einen zweiten für jeden einzelnen Wochentag. Das macht Dir deutlich, wie viel Zeit Du mit Erledigungen, Mahlzeiten, Fahrten usw. verbringst. Und schließlich kann auch eine »Blog-Torte« sinnvoll sein: Wie groß sind die Anteile fürs Recherchieren, Konzipieren, Styling, Beschaffen von Kleidung und Accessoires, Fotografieren, Bearbeiten der Bilder, Schreiben, Posten, Kommentieren usw.? Zeichne die Tortenstücke zuerst nach Deinem Gefühl und achte dann eine Zeit lang genauer darauf, wie viel Zeit Du wirklich mit den einzelnen Aufgaben verbringst. Das schafft Dir einen guten Überblick und Du kannst besser beurteilen, ob die Proportionen stimmen, sprich: wo du vielleicht effizienter werden und Zeit sparen möchtest.

⇒ Finde Deinen eigenen Takt!

Damit ist es tatsächlich wie in der Musik: Ein schneller Takt – und somit auch ein schnelles Tempo – ist nicht besser oder schlechter als ein langsamer – er ist nur anders. Ein guter Klang entsteht durch Stimmigkeit und Harmonie. Versuch, den Zeitdruck so klein wie möglich zu halten. Manchmal entsteht dieser, wenn wir zu langsam sind, oft aber auch, weil wir es zu eilig haben! »Nur dem Ruhigen läuft die Zeit nicht weg!«, sagt eine alte chinesische Weisheit, die ich leider selbst viel zu selten beachte.

⇒ Befreie Dich von hinderlichen Glaubenssätzen!

»Das kann ich nicht!« – »So gut bin ich nicht!« – »Andere sind besser als ich!« – »So etwas habe ich noch nie gemacht, darum kann ich jetzt nicht damit anfangen!« Solche Überzeugungen können, nein, müssen weg! Weil sie nicht helfen, sondern hindern. Es gibt Spiegel, in denen wir unser Aussehen begutachten, und Spiegel, die uns unsere Zweifel und Überzeugungen zeigen. Was ich trage, kann ich ändern. Was ich denke und glaube, auch! Eigenverantwortung ist wichtig und beginnt mit der Erkenntnis, dass wir für unsere Gedanken, Wünsche und Träume verantwortlich sind.

⇒ Gönn Dir Auszeiten!

Manche Menschen lesen jeden Tag ihr Horoskop oder legen Tarot-Karten. Wichtig dabei ist das tägliche Ritual: Nimm Dir jeden Tag etwas Zeit für Dich! Am Anfang erfüllt Dein Blog diese Funktion (remember: Blog = Tagebuch!), aber je mehr Follower Du bekommst, desto stärker wird der Gedanke daran, die Erwartungen der Leser zu erfüllen. Erst schreibst Du Deinen Blog, später schreibt Dein Blog Dich! Dann wird es Zeit, neben der Arbeit andere kleine »Für-mich«-Einheiten zu kreieren. Zum Beispiel: zurück zum Tagebuch und jeden Tag ein paar Zeilen darüber schreiben, wie es Dir geht, was Du gerade machst und wie es vorangeht! Auch Sport, Yoga oder kurze Meditationen können sehr hilfreich sein, um gelassen und konzentriert zu bleiben.

⇒ Und schließlich: Schließ Dinge ab!

Bei Essen ist es in Ordnung, wenn auch mal was auf dem Teller bleibt. »Anstandsrest« nennt man das, weil es früher als fein galt, nicht zu großen Hunger zu zeigen. Aber für alles andere gilt: Was Du nicht zu Ende bringst, bleibt als »Unanstandsrest« liegen. Was uns daran hindert, Dinge abzuschließen? Manchmal ist es die Angst vor einer gewissen Leere, die sich einstellen könnte, wenn wir mit etwas ganz fertig sind, manchmal die Angst davor, etwas dann nicht mehr ändern oder zurücknehmen zu können. Und manchmal ist es sogar die Angst vor dem Erfolg. Denn immer, wenn Du etwas richtig abgeschlossen hast, ist es ein Erfolg. »Fertig und offen für Neues!« – das ist meine Maxime!

11

DO WHAT YOU LOVE.

LOVE WHAT YOU DO.

EIN EDITORIAL PLANEN

___

Wie sehen die Wochenenden einer Bloggerin/Stylistin/freien Redakteurin aus? Entspannte Sonntage sind eher selten. Die neue Woche sollte mit einer freien Modeproduktion beginnen, für die ich noch Styles besorgen musste, und in meinem Posteingang stapelten sich die Mails. Dazu poppten bei WhatsApp ständig Nachrichten meiner Freundin auf. Liebeskummer. Als leidenschaftliche Freundin und Texterin tat ich mein Bestes, um ihre Laune über den Gefrierpunkt zu heben, doch vergebens. Während sie sich der Analyse männlicher Inkompetenz hingab, betrieb ich wahnwitziges Multitasking.

Wer den Dokumentarfilm *September Issue* gesehen hat, erinnert sich vielleicht an die Szene, in der Grace Coddington um die Fotos in der von ihr produzierten Modestrecke kämpft – so ging es auch mir, jede Printausgabe aufs Neue. Diese Woche war es wieder so weit, das Editorial für ein lokales Magazin, bei dem ich Modechefin war, zu planen, zu stylen und zu fotografieren. Das Magazin war nicht die Vogue. Aber hier – und genau das gefiel mir am besten daran – konnte ich Ausgabe für Ausgabe auf vier Doppelseiten machen, was ich wollte. Ich entschied bei den Shootings über Location, Styling, Model und Fotograf. Das Thema der Modestrecke wurde ebenfalls von mir bestimmt. Ein Privileg in einer Branche, in der sonst alles von einer oder mehreren Personen abgesegnet werden muss, meist andere das letzte Wort haben und man

Beim Shooting
mit Iga Drobisz ...

für das
Fashion Magazin.

MEIN MOTTO:

»

COME
UNDONE
AND
I WILL
LOVE YOU!

«

seiner Kreativität selten freien Lauf lassen kann, ohne sich über Umsätze, Likes und Klicks Gedanken machen zu müssen. **Die Modewelt ist eine Diktatur und Freiheit nur selten zu haben.** Alles begann mit einer Trendanalyse, die zu einem Moodboard führte, das wiederum beim Styling die Auswahl von Look, Fotografie und Make-up bestimmte. Die Auswahl der Models fand irgendwo dazwischen statt. Und wie immer konnte ich mich auch dieses Mal auf mein Team verlassen. Doch woher weiß man, was Trend ist? Es ist ein Mix aus Instinkt, Erfahrung und Recherche, der zu den richtigen Items für ein Editorial führt. Bis zu hundert Websites durchforste ich täglich nach Inspirationen – guten Lookbooks, Kollektionen und den besten Streetstyles. Und da sind wir schon bei einem ganz entscheidenden Wort: Streetstyles dominieren die Szene im Internet, füllen die Blogs und können ihren Machern über Nacht zur großer Bekanntheit im Netz verhelfen. **Die Top-Blogger, also jene mit den meisten Besucherzahlen, den meisten Followern und den besten Kontakten zu den Drahtziehern der Modeszene, beherrschen diese Kunst.** Und so spontan ein gelungenes Bild auch wirkt – es braucht Durchhaltevermögen, manchmal Kapital und auf jeden Fall immer einen guten Fotografen, um ein Streetstyle-Foto zu schießen, das international gut aufgenommen wird. Tommy Ton und Tumblr sind die Namen, die mir sofort in den Sinn kommen, wenn es um den perfekten Look auf der Straße geht. Tommy ist der wohl bekannteste Streetstyle-Fotograf zwischen Mailand und New York und Tumblr die Plattform, die Fotos von besonderen Outfits um die Welt gehen lässt.

Mein Thema für unser Shooting war dieses Mal »Farbe – das neue Colour-Blocking«. Auch wenn ich in meinem eigenen Schrank kaum einen Farbtupfer entdecken konnte, freute ich mich auf intensive Farbpaletten und darauf, einen Look zu kreieren, der so gar nicht meinem eigenen entsprach.

Es ist nicht leicht, loszulassen, besonders wenn es um die eigenen Vorlieben geht. Mein persönlicher Stil entspricht stark dem der Schwedinnen, inspiriert von Bloggerinnen wie Elin Kling und Columbine Smille. Wenn es um weiße Männershirts, Jeans und die unzähligen Facetten der Farbe Schwarz geht, darf man die Französinnen Emmanuelle Alt und Capucine Safyurtlu – ebenfalls Redakteurin bei der Vogue – natürlich nicht vergessen. Keiner bringt meinen heißgeliebten »Simple-and-very-french«-Chic besser auf den Punkt. Mein Motto: »Come undone and I will love you!« Die Seite **www.style.com** hält einen darüber auf dem Laufenden, welcher Designer gerade welche stofflichen Träume auf den Laufsteg gebracht hat und welche Blogger es sich leisten können, diese auf der Straße vorzuführen. Zu wissen, was »in« ist, und gleichzeitig dem eigenen Geschmack zu vertrauen – und das 365 Tage im Jahr – ist entscheidend für ein gutes Resultat – egal, ob es um einen guten Blog oder eine gute Modestrecke geht.

Ein kleiner Exkurs zum Thema Konformität: Während meiner Schulzeit in Spanien trug ich vier Jahre lang eine Schuluniform: dunkelblauer Faltenrock, kratziger blauer Pullover mit dem Schulwappen und hellblaues Poloshirt, ebenfalls mit Wappen. Vier lange Jahre lang!

Ich wäre nicht ich gewesen, wenn ich das ohne Rebellion ertragen hätte. Also krempelte ich den Hosenrock aus schwerer Wolle stets so weit nach oben, dass ich mehrmals aus dem Klassenzimmer geschickt wurde, um mein Verhalten gegenüber der Etikette und Tradition der altehrwürdigen katholischen Privatschule vor dem Spiegel zu überdenken. Augen-Make-up? Verboten. Schmuck? Verboten. Ich trug trotzdem meinen Plastikschmuck aus New York und traute mich manchmal sogar, mir die Nägel knallrot zu lackieren. Heute amüsiert mich diese Palastrevolution, damals aber musste ich dafür wirklich meinen ganzen Mut zusammennehmen. Aber durch die Uniform und andere Bekleidungsregeln in die Konformität gezwängt zu werden, war mir einfach unerträglich. Und: Frechheit siegt! Ich wurde nicht von der Schule geworfen, sondern blieb, bis wir Spanien »Adiós!« sagten und nach Hamburg zurückkehrten.

Wer in Hamburg einmal lange genug am Fenster eines Cafés in Eppendorf oder Winterhude sitzt, wird die Hamburger Uniform schnell erkennen. Die Taschen sind von Chloé, Prada oder Balenciaga, die Jacken – ihre ebenso wie seine – dunkelgrün oder dunkelblau und gesteppt, im schlimmsten Fall von Woolrich, und die Schuhe Uggs (als wäre an der Elbe immer Winter). Wenn man Glück hat, sieht man jemanden, der die hanseatische Uniform mit einem Twist trägt, zum Beispiel einem edlen Pelz und einer zerrissene Jeans dazu oder ein paar Céline-Loafers mit gestreiften Socken und einer übergroßen Strickmütze – wie meine Chefin Sue Giers, Inhaberin von Linette, einem Luxusgeschäft in der Hansestadt. Ihr Stil ist eine wahre Inspirationsquelle. Selten hohe Schuhe, aber gern High-Fashion-Pieces, individuell und leicht chaotisch zusammengewürfelt, sodass jeder Look wie mit einer großen Portion Willkürlichkeit gekonnt zusammengestellt wirkt.

Um ein Shooting vorzubereiten, verbringe ich meistens einen ganzen Tag in Hamburger Boutiquen, besuche PR-Agenturen und junge Designer in ihren Ateliers und warte auf neue Kollektionen aus Paris und Mailand die mir die PR-Agenturen zuschicken um eine Auswahl zusammenzustellen. **Bei dieser Aufgabe kommt es vor allem auf Vorstellungskraft, Fantasie und hundertprozentiges Vertrauen in den eigenen Geschmack an.** Dann wird das Shooting ein Erfolg.

Taxi?
In Indien (dort drehten wir mit Alex Rank
ein Musikvideo in Delhi) gab es nur Tuktuks.

Das Styling
für Annamas
Musikvideo
in Indien ...

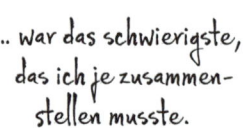

... war das schwierigste,
das ich je zusammen-
stellen musste.

Styling:
What to do and what to have?

- Die Styling-Tasche gut füllen
  (Nadeln, Klammern, Fusselrolle usw.).
- Ein konkretes Thema wählen.
- Alle Looks vor dem Shooting bereits einmal abfotografieren.
- Ein Moodboard vor dem Shooting erstellen.
- Die Credits der Looks vorher aufbereiten.
- Für jedes Outfit mindestens zwei Paar Schuhe parat haben.
- Immer genug Backup dabeihaben.
  (Bei einem Editorial von neun Looks brauchst Du
  mindestens fünfzehn Looks am Set!)
- Sich auf Seiten wie www.fashioneditorials.com
  oder www.fashiongonerouge.com Inspirationen holen.

Als ich mich an die Auswahl der Kleidungsstücke machte, tat es mir ein Schlangenprint von Stella McCartney besonders an. Ich erinnerte mich an ein Elle-Editorial mit Supermodel Candice Swanepol, bei dem sie eine Bomberjacke von Stella mit genau demselben Muster vor einem blauen Hintergrund getragen hatte. Einen solchen Hintergrund – farbig für farbige Mode – hatte die Fotografin schon vor Tagen besorgt, also entschied ich mich, dem Vorbild der Elle zu vertrauen. Wer in der Modewelt zu viel kopiert, ist schnell raus, denn Originalität ist gefragt. Aber ich wollte, dass unsere Leser sahen, dass eine Modestrecke in einem unbekannten Magazin mit denen aus der Elle mithalten konnte. Und das ohne Topmodel, gigantisches Budget oder ein zehnköpfiges Team.

Am Montagmorgen trafen wir alle pünktlich um sieben Uhr dreißig am Set ein. Das Fotoequipment war schon aufgebaut und meine Assistentin schleppte mit mir zusammen die unzähligen Tüten voller Schuhe, Taschen, Kleider und Hosen in den dritten Stock. Ich riskierte einen Balanceakt, denn mein Kaffee war in meiner Armbeuge eingeklemmt und die Brötchentüte hing auch noch an meinem kleinen Finger ... Jeder Stylist kennt das Gefühl, den Überblick über die Ansammlung von Key-Pieces vor, während und nach einem Shooting zu verlieren. Superkräfte wie Superwoman zu haben, das wär's! Ein durchaus angenehmer Gedanke, wenn die Last der Tüten voller Trends einen wieder mal zu erdrücken droht. Aber Fehler sind nicht erlaubt, denn absolutes Chaos wäre die Folge!

Mit nur einer einzigen »Eat-Pizza-or-die«-Unterbrechung, wie wir die obligatorische Fastfood-Essenspause liebevoll nannten, fotografierten wir bis in die späten Abendstunden hinein. Es war das erste Mal, dass weder ein Outfit noch das Make-up im Verlauf des Shooting komplett umgeschmissen wurden – nur um später festzustellen, dass die erste Version doch die bessere gewesen wäre. Ich schnürte, steckte ab und versuchte zu zaubern. Da näherte sich unser Model dem übrig gebliebenen Pizzastück und streckte doch tatsächlich die Finger nach dem fetttriefenden Leckerbissen aus! »Halt, stopp, nicht in Valentino!«,

schrie ich gerade noch rechtzeitig. Es mag lächerlich und übertrieben erscheinen, wie wir Stylisten immer um die Models herumwuseln und ihnen am Hintern kleben wie der Sirup auf einem Pfannkuchen – aber das müssen wir! Denn zu schnell wird die Atmosphäre im Studio familiär, zu schnell setzt sich das Model in einem nicht knitterfreien Kleid aufs Sofa, bleibt aus Versehen irgendwo hängen oder kleckert in einem unbeachteten Moment Saft oder Essensreste auf ein Kleid im Wert eines Kleinwagens. Die Boutiquen, bei denen ich die Kleidung auslieh, hätten dafür einen Kopf rollen sehen wollen – und zwar nicht den des Models, sondern den der Stylistin. Also meinen. Und der war schon einmal beinahe gerollt …

Blogger Rule Number 11

DU MUSST DIE KATASTROPHEN KOMMEN SEHEN, BEVOR SIE PASSIEREN!

Beim zweiten Shooting hatte ich mich, als wir endlich zum Ende kamen, wie erschlagen gefühlt. Die Woche zuvor hatte ich mit einer starken Grippe im Bett vor mich hinvegetiert – jetzt schien sich das Virus noch einmal aufzubäumen. Also überließ ich es meiner Assistentin und einer Praktikantin des Magazin-Verlags, die Klamotten und Accessoires wieder in den Verpackungen zu verstauen und für die Rückgabe fertigzumachen, während ich daran ging, die richtige Bildauswahl zu treffen – oder besser gesagt: um sie zu kämpfen. »Fertig!«, verkündeten die Verpackungskünstlerinnen hinter mir. Das ganze Team half noch, die Sachen ins Auto zu bringen, wobei Flüche auf der schmalen Treppe nicht ausblieben. Ich vertraute darauf, dass sich das HANSEstyle-Team auch ohne mich um die Ablieferung kümmern und am Montag alle Teile wohlbehalten zurück an ihrem Platz bei unseren Leihgebern hängen würden.

Am nächsten Tag folgte dann der Schock. Nichtsahnend saß ich an meinem Schreibtisch, als das Telefon klingelte. »Anouk, wir haben ein

Problem! Die Teile von X sind bei Y, die von Y bei X gelandet. Iris von Arnim fehlen zwei Teile, das Alsterhaus schickt drei Teile in die Reinigung und stellt es uns in Rechnung, Prada fehlt eine Sonnenbrille und …« Ich schloss die Augen und suchte nach meiner inneren Mitte, nach dem Ruhepol, der einem doch in allen Yoga-Videos mit Wellensound im Hintergrund angepriesen wurde, als sei er ein jederzeit erreichbarer Wohlfühlort – vergebens.

Es war ein Supercrash!

Niemand hatte Zeit für eine Katastrophe dieses Ausmaßes und doch musste sie behoben werden, bevor die Kunden ein »Not her ever again!« neben meinen Namen auf der Liste der ausleihbefugten Stylisten schreiben würden. Kurzentschlossen rief ich unseren Fahrer an, packte meine Sachen und schrieb einen Zettel, dass ich meine Mittagspause heute verlängern würde. Vorwürfe plagten mich, während wir durch die Stadt rasten. Ich hätte die Ware selbst kontrollieren, selbst einpacken und verdammt noch mal selbst ausliefern sollen. Wie hatte ich glauben können, es wäre in Ordnung, meinen Job nur zu fünfundachtzig Prozent zu Ende zu bringen? Hätte ich doch nur vorher gewusst, dass … Aber es brachte alles nichts. In den Läden setzte ich mein freundlichstes Lächeln auf, entschuldigte mich, sooft es ging, und versicherte allen, sie würden nicht nur eine Wahnsinns-Fotostrecke bekommen, sondern auch nicht noch einmal so etwas wie heute erleben. Ich verbuchte diesen Fauxpas unter »aus Fehler lernt man« und hoffte, dass mir das auch wirklich gelingen würde.

Anouks

Worst

Blogger

Moments

**Nach der Fashion Week die Streetstyle-Bilder auf den
Computer ziehen ... und sie sind alle verschwommen!**

Während der Modewoche ist Aufregung normal. Jedes Mal, wenn ich
vor einem der großen Gebäude in einer der Modemetropolen stehe und
die auf Fotomotive lauernden Fotografen vor mir sehe, werde ich ner-
vös. Ich spüre, wie ich erröte, beginne, meine Klamotten immer wieder
auf den richtigen Sitz zu kontrollieren, und vergesse dabei manchmal,
genauso akribisch die Einstellungen meiner Kamera zu prüfen. Kurz
vor der Show ist der Trubel dann so groß, dass die Technik ganz in Ver-
gessenheit gerät. Das aggressive Klicken der Kameras der Streetstyle-
Jäger und Paparazzi ist so mitreißend, dass das eigene Drücken auf den
Auslöser wie im Wahn geschieht. Man reißt die Linse auf, stürzt sich
auf ein gesichtetes Motiv und drückt, sooft der noch krampflose Finger
es zulässt, auf den Auslöser. Das Drama folgt dann zu Hause. Die Vor-
freude auf die Fotos ist groß und der Glaube, einen tollen Job gemacht
zu haben, auch. Man fiebert dem Moment entgegen, in dem die Worte
»Import abgeschlossen« auf dem Bildschirm erscheinen, und beginnt
sofort, jedes Bild im Vollformat zu betrachten. Dann der Schock: Das
Licht hat mir einen Streich gespielt und meine Kameraeinstellungen

über den Haufen geworfen! Die Bilder sind unscharf und die Accessoires der Streetstyle-Stars kaum zu erkennen. Wieder werde ich rot, mir wird heiß, Panik steigt in mir auf. Rasend klicke ich mich durch die ganze Speicherkarte. Nur zwei brauchbare Bilder sind dabei.

Was tun? In solchen Momenten sind Freunde mit Know-how und viel Erfahrung ein Segen. Als ich, eines Abends in Paris, vor all den unbrauchbaren Fotos saß, rief ich in meiner Not Max Motel, meinen Fotografen-Freund, an. Ich schrie förmlich ins Telefon. Er behielt die Ruhe, hörte mir zu und filterte aus dem Wirrwarr an Beschimpfungen, die ich an meine Canon losließ, mein Problem heraus. Dann bat er mich schlicht, ihm doch einfach die Bilder zu schicken. Einen Nachmittag und eine ganze Nacht widmete er sich dem Nachschärfen der Fotos und kündigte schließlich auf WhatsApp mit den Worten »Rettung vollbracht« seinen Erfolg an. Als Entlohnung forderte er nichts weiter als eine Einladung zum Essen – so sind Freude! Ich habe aus dem Malheur gelernt, doppelt und dreifach und vor allem, solange ich noch etwas ändern kann, zu überprüfen, ob das Resultat meiner Streetstyle-Shootings gelungen ist. Präzision ist wichtig, nicht nur vor einer Fashion Show.

Im Interview Eckdaten und den Namen des Gegenübers vergessen.
Das ist mir einmal passiert und das reicht auch! »Nie wieder!«, bete ich. Es war nur eins: peinlich, peinlich, peinlich, als meine Stimme auf »mute« und mein Kopf auf »blank« schaltete. Gute Recherche ist für einen Blogger genauso wichtig wie für einen Journalisten – vor allem, seit Interviews auf Blogs immer beliebter geworden sind. Wir können es uns

schon lange nicht mehr leisten, einfach draufloszuschreiben. Wir wollen ernst genommen werden und der Kritik einer Anna Wintour trotzen. Doch diesen Respekt müssen wir uns verdienen!

Vor einer Show auf der Fashion Week merken, dass die Jacke ein Loch und die Strumpfhose eine Laufmasche hat.

Nimm's nicht zu schwer, nimm's mit Humor! Im Leben wie beim Bloggen zählt das richtige Maß der Dinge. Perfektionismus ist wichtig, doch Humor ist es auch. Ich lache oft über mich selbst und hoffe, dass die anderen dann nicht über mich, sondern mit mir lachen werden. Bei einer Modenschau möchte man natürlich besonders perfekt aussehen. Doch wenn dem mal nicht so ist, denke ich an Herbert Grönemeyer: »Lache, wenn es nicht zum Weinen reicht!«

Einen unfertigen Blogpost mit Blindtext online stellen und es erst Stunden später merken.

Natürlich kann auf einem Blog schnell etwas gelöscht und geändert werden, doch oft haben es dann schon ein paar Augen gesehen und sich ihren Teil dabei gedacht. Genauigkeit sollte immer an erster Stelle stehen. Was dabei nicht passieren darf? Dass wir die Leichtigkeit vergessen!

Versehentlich etwas auf die öffentliche Facebook-Seite statt in eine private Gruppe posten.

Es war eine Woche, in der einfach nichts funktionierte: Alles stockte, alles fiel mir schwer und allen, mit denen ich gerade zusammenarbeitete, schien es genauso zu gehen. Keine frischen Idee, keine motivierenden Fortschritte, nichts. »Nada!« Sich selbst in einem Motivationsloch wieder aufzuraffen, ist schon alles andere als einfach. Aber eine ganze Mannschaft zu neuem Elan zu bringen und zu ermutigen, ist noch schwerer. In Zeiten wie diesen scheint jeder die gesamte Energie der anderen zu absorbieren. Genau in einem solchen Moment, als einige meiner Projekte nur so vor sich hin dümpelten und andere sogar zu tödlichem Stillstand gekommen waren, postete ich in einem Anfall von Frustration ein paar persönliche Worte in eine Facebook-Gruppe meiner Blogger-Kollegen – dachte ich zumindest. Doch wenn man vier Instagram-Accounts, einen Blog, eine Facebook-Seite und zwei Tumblr betreut und nebenbei noch Mitglied in drei geheimen Facebook-Gruppen ist, ist es nicht immer einfach, den Überblick zu behalten. Das ist, als würde man in einer Gruppe von Leuten stehen und alle reden durcheinander. Wenn man selbst den Mund aufmacht, weiß man eigentlich gar nicht, wen man erreicht, wer gerade zuhört und wer nicht. Der nette, aufmunternde Kommentar jedenfalls, der für meine Freunde bestimmt war, war plötzlich für die gesamte Öffentlichkeit sichtbar: »Mann, Leute, Ihr solltet Euch jetzt echt alle mal gegenseitig in den Arsch treten!« Ganze fünf Minuten, also in Internetzeit gerechnet eine halbe Ewigkeit lang, konnten das alle lesen. Bis meine fahrige Hand den Beitrag gelöscht hatte, hatte er schon sechs Likes erhalten. Hundert andere, die den Post vermutlich auch lasen, aber den konstruktiven Aspekt der Message nicht verstanden, likten ihn wohl nicht …

Ladegerät im Hotel vergessen und beim Job so tun, als würde man (trotz des leeren Akkus) Backstage-Bilder knipsen.

Kunstgriffe und Schauspielkunst sind und bleiben erlaubt! Einer meiner schlimmsten Momente überhaupt: Ich besitze zwei Handys, drei Laptops, eine Kamera, ein iPad, zwei portable iPhone-Ladecases und eine analoge Fujifilm-Kamera. Jedes dieser Besitztümer lebt von einem Akku. Socken, Portemonnaies, Handys und Ladekabel – das sind Dinge, die ich immer und immer wieder verlege und verliere. Es kommt also, wie es kommen muss: Das Shooting geht los und der Akku in der Kamera ist leer. Und kein Ladekabel weit und breit! In solchen Momenten kann einen dann nur noch eins retten: ein Talent fürs Schauspielen. So tun, als ob – etwas, das man in dieser Branche schon ganz zu Beginn lernt, ja, lernen muss!

YOU HAVE NO MISSED CALLS*

* NO ONE CARES.

Spanien bedeutet für mich Zuhause
und Digital Detox.

BE HAPPY.

BE BRIGHT.

BE YOU.

EINE NEUE FAMILIE

——

Ich hatte gerade meinen Job bei Closed aufgegeben und mich mit der Idee angefreundet, eine Zeit lang mit Styling und dem »Dolce far niente«, dem süßen Nichtstun, zu verbringen, da riet mir meine Freundin Hanna, mir ein XING-Profil anzulegen. Meine Einwände »Wofür brauche ich das denn?« und »Da hätte ich lieber ein Profil bei parship. de« hielten sie nicht davon ab, mich dazu zu drängen, meinen Lebenslauf ins Netz zu stellen. Keine drei Tage später erreichte mich die Mail eines Headhunters. Er fragte darin, ob ich ihm für ein Unternehmen, das er mir nicht nennen durfte, einige Arbeitsproben zukommen lassen könnte. Die Nachricht war so verlockend geheimnisvoll, dass ich schon am nächsten Morgen meine Artikel, Fotostrecken und Posts der letzten Jahren über WeTransfer losschickte – ich hatte angebissen und wollte mehr erfahren.

Bereits am nächsten Tag rief er mich an. Er bombardierte mich mit Fragen und mir war klar, dass das ein Test war, den ich zu bestehen hatte. Ich stand gerade mitten auf einer Straßenkreuzung, mit der angeblichen »freien Minute« (solche Anrufe verschiebt man besser nicht auf später!), hielt mir ein Ohr zu, um die Bus-Auto-Hund-Geräusche auszublenden, und kam bei einigen seiner Fragen ganz schön ins Schwitzen. »Ach so, es geht übrigens um Marc O'Polo« und »Klasse, wir melden uns« waren seine Abschiedsworte, dann legte er auf. Abends fand ich in meinem Postfach die Einladung zum Vorstellungstermin und die Flugdaten gleich mit dazu. Auf nach Stephanskirchen! Der Flug war kurz und schmerzlos, was man von der Autofahrt danach nicht behaupten kann. Zwei Stunden und dreißig Minuten fuhren wir durch jedes Dorf zwischen dem Münchner Flughafen und dem Ort, wo Marc O'Polo mit 980 Angestellten sein Headquarter hat. Die erste Stunde lang waren die bayrischen Serpentinen noch auszuhalten, aber nach weiteren zwanzig Minuten war mir so übel, dass ich alle erreichbaren Fenster öffnete und meinen Kopf in die eiskalte Dezemberluft hielt. Doch es wurde nicht besser. Nach zwei Stunden musste ich den Fahrer zum ersten Mal bitten, anzuhalten. Mit Beinen wie aus Gummi stieg ich aus und lehnte mich an den Zaun einer Kuhwiese. Den Schlamm an meinen Schuhen bemerkte ich kaum, zu beschäftigt war ich mit dem Versuch, den Brechreiz zu unterdrücken. Nach ein paar Minuten fuhren wir weiter, doch ich musste die Fahrt noch ein weiteres Mal unterbrechen, bevor wir endlich am Ziel waren.

KEINE DREI TAGE SPÄTER ERREICHTE MICH DIE MAIL EINES **HEADHUNTERS ...**

Blogger Rule Number 12

ZEIG AUCH MAL SCHWÄCHEN – DAS LÄSST DIE STÄRKEN HELLER LEUCHTEN!

Als wir angekommen waren, wartete der E-Commerce Group Manager bereits und führte mich sofort in einen der Besprechungsräume. Wir hatten gerade einmal zwei Stunden Zeit, bevor ich wieder ins Auto steigen und mich auf den Rückweg in Richtung Flughafen machen musste. Der Tag war streng durchgetaktet. In unserem Gespräch sollte ich von mir erzählen, von meinen Jobs und meinen Vorstellungen für die Zukunft. Ich musste aus dem Stehgreif Verbesserungsvorschläge für den Onlineshop liefern und neue Headlines texten. Und die ganze Zeit über kämpfte ich mit den Nachwirkungen meiner Reiseübelkeit. »Was hältst du von Marc O'Polo?«, wurde ich gefragt. Anscheinend überzeugte ich trotz schwankender Stimme und abschweifender Gedanken, denn zwei Tage später war ich schon wieder auf dem Weg nach Bayern – für das zweite Vorstellungsgespräch.

Persönlichkeiten werden nicht durch schöne Reden geformt, sondern durch Arbeit und eigene Leistung.

(Einstein)

Office Essentials.

Wenn ich zurückblicke, weiß ich, warum die Gespräche so locker, entspannt und unverkrampft verliefen. Ich wollte den Job nicht. Ich wollte nicht umziehen, wollte keine neue Herausforderung und war mir zu diesem Zeitpunkt auch noch nicht bewusst, welche Chance mir gerade geboten wurde. Ich zeigte meine Schwächen genauso wie meine Stärken. Nein, ich hatte keine Ausbildung. Nein, ich hatte noch nie einen vergleichbaren Job gehabt. Und nein, ich war nicht siebenundzwanzig, sondern neunzehn. Doch ich wusste, ich hatte mich entschieden. Sollten sie mich in ihrem Team haben wollen, würde ich Hamburg, meinen sicheren Hafen, verlassen. Nach fünf Jahren in Spanien war die Hansestadt längst wieder zu meinem Zuhause geworden und auch eine neue Beziehung wartete dort auf mich. Michael war ein gutes Stück älter als ich, achtunddreißig, Model, Yogalehrer und alles, was ich nicht war: ausgeglichen, spirituell und voller Wertschätzung für seinen Körper und seine Gesundheit. Er tat mir gut, wie auch die Stadt, die morgens nach Fischmarkt und abends nach Kiez roch. Zwei Tage später kam die Zusage. Ich weinte, bis keine Tränen mehr übrig waren, und schrieb Michael: »Süßer, ich ziehe nach München.« Er schrieb zurück: »Süße, ich weiß.« Viel Zeit, um über die Ereignisse nachzudenken, hatte ich nicht. Innerhalb von zwei Wochen war der neue Job Realität und keine vier Wochen später stand ich mit großen Koffern am Bahnhof in München. Ich reise ungern mit viel Gepäck und wenn es um das Schleppen von Koffern geht, kann ich sagen: Ich hasse es. Die Erkenntnis, dass ich tatsächlich die Stadt wechselte, sehr wahrscheinlich für mehrere Jahre, kam mir nicht in den Sinn. Es ging einfach nicht in meinen Kopf hinein, dass ich gerade einen kleinen Schritt für die Menschheit, aber einen sehr, sehr großen für mich tat. Das erste Mal würde ich ganz ohne die Unterstützung von Freunden und Familie in einer fremden Stadt überleben müssen. Über XING erfuhren alte Bekannte von der Presse von meinem neuen Job und eine Redakteurin des Hamburger Abendblatts schrieb mir auf Facebook: »Glückwunsch, von der jüngsten Modebloggerin Deutschlands zum vielleicht jüngsten Junior Editor der Welt.« Ich stockte und für den Bruchteil einer Sekunde vertrieb das Gefühl von Stolz alle Sorgen um die Zukunft.

MEIN FAVORIT IST UND BLEIBT:

DIE »EINFACH-ALLES-ESSEN-UND-MACHEN,-WAS-DU-WILLST« THERAPIE ...

Was ich bei Marc O'Polo gelernt habe: Man muss lernen, Hilfe annehmen zu können. Seit meiner Kindheit wurde mir Unabhängigkeit gepredigt. Bei zwei Selbstständigen als Eltern wahrscheinlich kein Wunder. Doch manchmal muss man sich an die Hand nehmen lassen. Von der Weisheit Älterer profitieren und – was oft nicht leicht fällt – dem Team vertrauen. **Die Angst, nicht zu bestehen, kennt wahrscheinlich jeder. Auch nach vielen verschiedenen Jobs mit verschiedenen Chefs, Teams und Aufgaben ist meine Sorge, es nicht zu schaffen und andere, vor allem aber mich selbst, zu enttäuschen, nicht verschwunden.** Sie ist nicht einmal kleiner geworden. Sie wurde eher stärker, wuchs mit jedem Fehler – selbst wenn nur ich ihn als einen solchen empfunden hatte – und konnte auch durch bestätigte Erfolge nicht zurückgedrängt werden. Dabei habe ich schon alles Mögliche versucht. Yoga, Sport, gesunde Ernährung. Mein Favorit ist und bleibt allerdings die »Einfach-alles-essen-und-machen,-was-du-willst«-Therapie. Ohne Krampf in den Kampf, das ist die von mir angestrebte Haltung. Aber in der Vergangenheit half trotzdem oft genug nichts gegen das Gefühl, dass alle anderen größer und schneller wären als ich und im Leben weiter kommen würden. Meine Mutter versuchte nicht nur, mir mit guten Ratschlägen zu helfen, sondern schickte mir auch immer wieder Screenshots interessanter Artikel über Erfolg und Abschnitte aus Büchern wie zum Beispiel *Die Kunst, ein kreatives Leben zu führen,* das sie besonders liebt. »Wer man ist, zeigt sich nicht dadurch, wie man mit Erfolg, sondern wie man mit Misserfolg umgeht«, ist ein Credo daraus, das ich mir, wie ein Mantra, immer wieder vorsage. Ich überlegte kurzzeitig sogar, mir diesen Satz tätowieren zu lassen, entschied aber, dass er zum einen zu lang sei, und zum anderen nicht alles, was man sich merken muss, gleich auf die Haut gehört – immerhin sind wir hier nicht im Film *Memento* mit Guy Pearce.

Manchmal ist es recht tröstlich, mir klarzumachen, dass ich beim Kampf um den Erhalt meines eigenen Egos, meines Selbstvertrauens und meiner Power nicht allein bin. Bestimmt führt die Mehrheit aller Menschen ihn täglich. Die Höhen und Tiefen der Gefühlsachterbahn wollen uns um Sinn und Verstand bringen und verleiden uns manchmal die ganze Fahrerei, doch man kann ja nicht mitten im Looping einfach aussteigen. Weiterzumachen, mich von all denen, die nicht aufgeben, inspirieren zu lassen und auf das Beste zu hoffen, ist meine Weise, dieses Auf und Ab zu meistern. Wie sagt die Dichterin Elizabeth Bishop – eines ihrer Bücher trägt den Titel *Der stille Wahn* – so schön: »Die Kunst des Verlierens übt man täglich.« Sich in einer Kunst zu üben, ist besser und definitiv schöner, als einen Kampf zu führen. Der beste Weg, um den »Alles-ist-scheiße«-Moment zu überwinden, ist, zu akzeptieren, dass wir Fehler im Leben nicht wegphotoshoppen können und es, wenn wir ins Straucheln geraten, lieber wie die Models auf dem Catwalk machen sollten: »Hinfallen, aufstehen, weitergehen.«

PS:
Auch wenn ich ihn ebenfalls nicht auf der Haut trage,
hilft mir oft ein weiterer wunderbarer Satz:
»Sei realistisch – glaub an ein Wunder!«

DANKE

Enja & Cato für die Liebe.

Charlie, Laura, Hanna & Louisa für die Freundschaft ohne Grenzen.

Siegfried & Elisabeth für die Unterstützung.

Annekatrin für die wertvollen Worte.

Paul für die Klarheit.

Annama & Tronje für die Kreativität.

Elias, Flo, Philipp, Norman & Michael für die Zeit.

Niki, Max, Michael, Dustin & Majid für die Momente.

Tush für den ersten Funken.

Tino für den Anfang.

Marie für damals.

Paul James Hay für den Rat.

Fritz Ahrens & Holger Hechtenberg, Jose Bénédí & Jacqui Garcia für die ersten Looks.

Anna Daki, Johanna Brinckman, Iga Drobisz & Lindsay Hamlyn für das Festhalten.

Sandra für die Liebe zum Detail.

Café Leonar für den Platz.

ALLEN FÜR IHR VERTRAUEN.